ETIENNE-JULES MAREY

Etienne-Jules Marey

Introduction, documentation et notices
par Michel Frizot

Cet ouvrage est publié par
le Centre National de la Photographie avec
le concours du Ministère de la Culture

Les recherches qui ont été menées
ces dernières années sur Étienne-Jules Marey
et les expositions qui ont été présentées
ont bénéficié, ainsi que cet ouvrage,
de l'aide de la Fondation Kodak-Pathé.

Légende de la couverture
Saut à la perche, 1890-91.

Copyright © 1984 by Centre National de la Photographie Paris
Tous droits réservés pour tous pays.
ISBN 2-86754-013-5

Imprimé en France/Printed in France

LE TEMPS CONSTITUÉ
Récit chronophotographique avec arrêts sur image.

à Julien et Anne.

17 février 1882. La brume du matin s'est maintenant levée sur la baie de Naples, sans dévoiler encore la silhouette inquiétante du Vésuve. Le froid est vif malgré le soleil et le ciel bleu. Il a même gelé cette nuit, ce qui est rare ici. Tout est calme sur le promontoire du Pausilippe et l'on n'entend que les cris égarés de quelques mouettes. Un petit monsieur à chapeau melon noir attend, juché sur un rocher qui domine la mer. Il paraît absorbé par l'observation attentive du tournoiement incessant des mouettes. Il tient en bandoulière un bien curieux fusil. Habituellement, il va chasser le canard dans les collines de Pouzzoles. Il vient d'épauler ; il vise longuement une mouette en suivant son vol elliptique. Il libère la gâchette mais aucune détonation ne retentit ; on entend seulement un cliquetis mécanique rythmé comme celui d'une machine à coudre. Le petit monsieur paraît satisfait, et pressé de regagner son laboratoire installé non loin de là, sur la falaise, dans la tour crénelée de la Villa Maria. Des gamins intrigués l'ont appelé "le fou du Pausilippe". Les mouettes, indemnes, poursuivent leurs vaines évolutions.

15 mars 1882. Séance hebdomadaire à l'Académie des Sciences, à Paris. Le petit monsieur est un grand personnage, membre de cette institution où il a succédé en 1878 à Claude Bernard, le fondateur des méthodes expérimentales. Il n'est autre que le professeur Marey, titulaire de la chaire d'Histoire Naturelle des Corps Organisés au Collège de France. Monsieur le Secrétaire Perpétuel de l'Académie donne lecture d'une lettre adressée le 9 mars de Naples, où le professeur séjourne chaque hiver pour raisons de santé. Il annonce qu'il vient d'obtenir, au moyen d'un "fusil photographique", l'analyse de différentes formes de locomotion, y compris le vol des oiseaux et des chauves-souris. Il en produira très prochainement, à son retour, des échantillons sur lesquels on peut suivre, image par image, la succession des mouvements qui constituent un battement d'ailes. Suit la description de son ingénieux fusil, dont le canon porte un objectif photographique, la culasse renferme un rouage d'horlogerie commandé par la détente, qui fait tourner une petite plaque de verre sensible, au gélatino-bromure d'argent. En une seconde, s'y inscrivent 12 images successives du sujet visé, saisies chacune à la vitesse stupéfiante de 1/720e de seconde. Le professeur Marey peut maintenant annoncer que son mécanisme se prête à l'étude photographique de mouvements variés ; il l'a appliqué à des chevaux, des ânes, des chiens, des hommes à pied ou sur des vélocipèdes. Une ère nouvelle s'est ouverte pour le progrès des méthodes scientifiques.

8 mai 1882. Le décor est un vaste terrain plat à l'orée du Bois de Boulogne, lieu-dit le Parc des Princes, concédé pour 99 ans au professeur Marey par la Ville de Paris afin d'y installer sa Station Physiologique et d'y mener ses expériences de physiologie comparée et d'analyse des mouvements ; il est secondé par Georges Demeny, fondateur du Cercle de Gymnastique Rationnelle. Une piste circulaire entoure le potager de choux et poireaux ; elle passe devant un "fond noir" constitué de châssis de bois inclinés peints en noir, et soutenus par des poteaux. Tandis qu'un homme vêtu d'un collant blanc patiente en s'échauffant sur la piste, le même petit monsieur strictement habillé de noir, en melon et veston, s'affaire autour de sa dernière invention, une grande chambre noire cubique braquée vers le fond noir ; un de ces lourds appareils photographiques comme on n'en utilise plus depuis la vogue des portatifs. Il y a ajouté une manivelle et lorsqu'il l'actionne, on s'attend à quelque mélodie d'orgue de Barbarie. Un cheval a été amené aussi, et si ce n'était le sérieux de ces doctes érudits, on se croirait à une répétition de cirque où le cheval évoluerait en cadence sur un air d'orphéon à la mode que fredonne Otto, l'aide-mécanicien. Et pourtant, lorsque l'homme ou le cheval, tous deux blancs, passe devant le fond noir, on n'entend que les grincements d'engrenages qui entraînent, dans l'appareil, un grand disque fenêtré tournant devant la plaque sensible. L'instrument est ainsi conçu que chaque passage d'une fenêtre produit une image du sujet blanc tandis que le fond noir n'impressionne pas la plaque et la laisse vierge pour d'autres empreintes lumineuses du blanc. Monsieur Marey communiquera bientôt à ses collègues de l'Académie le fruit de ces expériences qui, à raison de 10 images par seconde, lui ont "permis de réunir *sur une même photographie* une série d'images successives représentant les différentes positions qu'un être vivant occupe pendant un mouvement de locomotion". L'appareil a été baptisé d'un nom qui fleure la racine grecque : le chronophotographe. Il a déjà permis d'analyser, par des images uniques à poses successives rapprochées, les mouvements de la marche et de la course de l'homme, le pas et le trot du cheval, le vol du pigeon. Le fusil photographique n'est déjà plus qu'un souvenir expérimental.

15 juillet 1882. Rêverie du promeneur. Le professeur Marey se prénomme Etienne-Jules. Drôle de prénom pour qui a de drôles d'idées et fabrique très sérieusement de drôles de machines. Aujourd'hui, il se promène dans ses vignes sur les hauteurs de Chagny en Bourgogne. Il se souvient de son père, représentant en vins pour un grand marchand de Beaune ; ce père qui l'obligea à être médecin dans le secret espoir de le voir revenir au pays, au service du célèbre Hôtel-Dieu de la ville, aux toits de tuiles multicolores. Etienne-Jules voulait être ingénieur-mécanicien ; pour satisfaire son goût des rouages et de l'expérimentation tout en honorant ses diplômes médicaux, il se fit "ingénieur de la vie" comme il se définit lui-même. Si la vie se traduit à nos sens par le mouvement, il convient, pour en saisir toutes les propriétés, de comprendre la genèse des mouvements des corps : la circulation du sang, la locomotion des quadrupèdes, les battements d'ailes des oiseaux. Etienne-Jules se souvient avec nostalgie de ce laboratoire qu'il installa, en 1864, tout jeune "physiologiste en chambre" dans un ancien local de la Comédie Française. Toutes sortes d'animaux y cohabitaient avec un entassement d'appareillages complexes, dont certains de son invention. Il avait été le premier, avec son ami Chauveau, à enregistrer les variations de pression sanguine dans le cœur d'un cheval à l'aide de capsules introduites *in vivo* par la jugulaire et la carotide. Il a mis au point des cylindres enregistreurs qui inscrivent sur une surface de noir de fumée les mouvements d'un stylet relié à des capsules manométriques.

Il se sait obsédé par l'enregistrement, c'est-à-dire la transcription graphique d'un phénomène, la visualisation sous forme d'une ligne sinueuse bien lisible, des manifestations les plus impalpables. Le professeur Marey a pris le parti positiviste de borner son ambition à constater des faits et à en déduire les seules lois que l'expérience contrôle. Il se rappelle que sa renommée lui vînt d'un très petit et simple appareil, *le sphygmographe*, qui, fixé sur le poignet, enregistre sur papier les battements du pouls que l'on se contentait auparavant de juger avec les doigts. Il a transcrit graphiquement la marche de l'homme, le trot du cheval ou le vol du pigeon. Le corps s'écrit lui-même ; il ne reste qu'à lire. Et voilà que la chronophotographie séduit son goût de la perfection, car elle traduit, avec la même fidélité absolue qu'un graphique, ces rapports d'espace et de temps, ces distances parcourues qui sont l'essence du mouvement.

5 juin 1883. Étranges préparatifs à la Station Physiologique : un Fantômas s'échauffe dans le jardin avant d'entrer en scène. L'homme est vêtu d'un collant noir, porte des chaussures et des gants noirs, et une cagoule également noire lui couvre entièrement la tête. Ce bizarre accoutrement est complété par des lignes brillantes le long des bras et des jambes, et de gros boutons blancs signalent l'emplacement des articulations. Fantômas fait son entrée sur le plateau, devant le fond noir bordé de lourds rideaux qui lui donnent l'allure d'une scène de théâtre vue de l'intérieur. La représentation est privée, et l'on ne s'offensera pas de l'échelle et des panneaux demeurés dans la coulisse de droite. Sur la gauche, deux hommes commentent l'action. Fantômas joue bien son rôle ; fondu dans le noir ambiant, il a presque disparu, ne laissant apparaître que les incrustations lumineuses et squelettiques de ses repères blancs. Selon les indications du professeur Marey qui actionne le chronophotographe à 60 images à la seconde, il marche, court, saute, pour accomplir le rite d'une insolite cérémonie de la disparition, à la fois présent et absent. La science physiologique la plus stricte exige ce ballet mécanique de points et bâtons pour prêter à nos sens une précision qui leur fait défaut.

Puisque notre langage est insuffisant pour transmettre la vérité de l'observation, il faut, dit le professeur, parler le langage du mouvement. Monsieur Fantômas aux traits blancs exécute un saut en longueur à pieds joints ; c'est alors comme l'apparition fugitive d'un graphique qui se déroule, tracé par le stylet, sur le bandeau de noir de fumée. La chronophotographie en dévoilera la géométrie accomplie.

15 juin 1887. On est allé chercher un éléphant au Jardin des Plantes. Le directeur est un ami. L'éléphant fait un tour de piste, au trot, conduit par un cornac ; il a fallu attacher le chien pour ne pas l'effrayer. Mais voilà, l'éléphant est gris et on ne le verra pas très bien devant le grand fond noir tout nouvellement construit ; on ne peut tout de même pas le peindre en blanc. L'an dernier, il avait fallu enduire de suie un cheval noir dont le poil était trop luisant dans la lumière d'été. Monsieur Marey a collé sur la peau du pachyderme des repères de papier blanc pour marquer les articulations des membres, là une croix, là un rond, là un carré. Sur l'épreuve chronophotographique, on ne voit que ces signes qui ponctuent une masse grise menaçante munie d'innombrables yeux et de multiples défenses blanches comme autant de crocs redoutables.

Plus prosaïquement, Monsieur Marey veut établir un parallèle entre les mouvements du membre pelvien chez l'homme, l'éléphant et le cheval, dont il entretiendra prochainement l'Académie. Le profane ignorant des arcanes de la physiologie mécaniste pourrait sourire à la lecture de cette conclusion scientifique : "Entre l'homme et l'éléphant, les différences sont faibles ; elles tiennent à ce que, chez l'homme, le pied ne s'écrase pas sensiblement, tandis que, chez l'éléphant, un énorme coussinet plantaire qui fait de cet animal un intermédiaire entre les plantigrades et les digitigrades, la disposition des rayons phalangiens, etc." On voit toutes sortes d'animaux à la Station Physiologique : goéland, mouette, pélican, héron, pigeon, chat, lapin, poule, chevaux de toutes races, et ce chevreau malade qu'on avait recueilli le mois dernier. Monsieur Marey a également soumis à l'observation chronophotographique son chien Trovato qu'il laisse en pension au gardien de la Station lorsqu'il part pour Naples.

...1888. La scène montre le peintre Jacques-Louis-Ernest Meissonier dans son appartement du boulevard Malesherbes, entouré de figures de bronze et de vases chinois ; assis dans une grande chaise gothique, coiffé de sa calotte de velours, trapu, opulente barbe blanche, il met la dernière main à une réplique de son célèbre tableau "1814" où l'on voit, Napoléon en tête, l'armée cheminant tristement pendant la campagne de France. Meissonier veut modifier la position des pattes de certains chevaux qu'il croyait avoir représentés avec cette vérité des postures révélant la sagacité de son œil exercé. C'est une bien vieille histoire qui se termine là. Lorsque le tableau fut peint, en 1864, les études sur la locomotion du cheval n'étaient pas aussi avancées. Le Maître se faisait fort de saisir parfaitement les attitudes perçues instantanément. Un peu plus tard, les appareils enregistreurs du professeur Marey avaient fait merveille pour préciser les positions des membres aux différentes allures, décrites dans son livre *La Machine Animale* en 1874. Ce livre avait incité un riche Américain à demander des vérifications photographiques au Major Muybridge. Et voilà que ce Monsieur Muybridge d'Amérique était venu à Paris en 1881, et qu'il avait été reçu chez le professeur Marey puis chez le Maître Meissonier pour y montrer ses instantanés de chevaux. Là, on avait parlé d'un ouvrage commun qui conjuguerait les talents du peintre, du photographe et du physiologiste. Le projet avait échoué, mais peu de temps après, le professeur Marey s'était mis, lui aussi, à la photographie, insatisfait qu'il était des clichés américains, trop peu scientifiques à son goût. Aujourd'hui, le peintre Meissonier, apôtre de la vérité formelle en art, fait amende honorable ; il ne peut nier plus longtemps les preuves chronophotographiques qu'on lui montrait hier encore à la Station Physiologique. Il a choisi de représenter la "vraie" fragmentation du temps, telle que la montre une photographie instantanée ; mais le sentiment du temps qu'évoque une peinture est-il vraiment compatible avec cette vision d'une machine ? Le temps ne peut-il plus être inventé et rêvé ? "L'art et la science se rencontrent, dit Monsieur Marey, quand ils recherchent l'exactitude".

19 août 1889. Le professeur Marey n'est pas pleinement satisfait des résultats de la chronophotographie sur plaque fixe. Dans l'analyse des mouvements lents, les dix ou vingt images qu'il obtient en une seconde se superposent et contrarient une lecture scientifique des clichés. Il a repris l'idée de déplacer la surface sensible pour mieux séparer les images et l'an dernier déjà, il a pu montrer des images obtenues sur des bandes souples à la gélatine sur papier. La bande se déroule rapidement sur des bobines à l'arrière du chronophotographe et s'arrête par compression jusqu'à 50 fois par seconde pour que s'inscrivent les images du mouvement. Actuellement, le professeur Marey essaie de nouvelles bandes transparentes sur celluloïd que l'on nomme "pellicule", et le mois dernier il reproduisait dans une revue scientifique le premier "film" jamais montré : une main s'ouvre et se ferme.

Ce soir, on dîne en l'honneur du cinquantième anniversaire de l'invention de la photographie. Monsieur Edison, qui visite l'Exposition Universelle de Paris, est invité ; il s'est entretenu longuement avec le professeur Marey qui lui a fait part de ses toutes dernières découvertes. L'Américain s'est montré vivement intéressé. Mais le professeur ne comprend pas très bien cet engouement pour des méthodes strictement scientifiques.

30 janvier 1894. Nadar a commencé la publication de ses mémoires. Il évoque son vieil ami Marey, qu'il rencontra voici trente ans pour l'entretenir d'aérostation et de vol humain. Depuis lors, le physiologiste s'est emparé de la photographie pour en faire une de ses méthodes graphiques. Et ce photographe-là est plutôt, comme dira Man Ray, un "fautographe". "Acharné à la preuve de la preuve, ne se fiant qu'à l'automatique et à l'indubitable sincérité de l'outil", écrit Nadar, ce Marey a singulièrement dévié la photographie de son droit chemin du réalisme, en la forçant dans sa plus grande simplicité de fonctionnement. Pour voir plus loin, il a traqué l'imprévisible, l'indiscernable, en des images plurielles où le sujet est à la fois lui-même et différent, où la forme s'épuise à trouver une identité fuyante et renouvelée. L'instantané très rapide produit encore sur l'observateur une impression paradoxale de déjà-connu et de jamais-vu. Dans son tout dernier ouvrage, *Le Mouvement*, le professeur Marey en juge ainsi : "Le laid ne serait-il que l'inconnu, et la vérité blesserait-elle nos regards lorsque nous la voyons pour la première fois ?"

15 octobre 1894. C'est aujourd'hui la date limite de participation au Concours International "ayant pour but de déterminer par la photographie la forme exacte d'une goutte d'eau pendant sa chute". L'eau distillée s'échappera d'un tube de verre ou de métal dont on mesurera le diamètre intérieur et extérieur. Le débit sera réglé à raison d'une goutte d'eau par seconde environ. La chute de la goutte d'eau se fera dans un local fermé à l'abri de tout courant d'air. Le concours est organisé par la *Revue Suisse de Photographie,* qui publiera les épreuves primées. Les décisions du jury, présidé par Monsieur Etienne-Jules Marey, seront sans appel.

22 octobre 1894. L'Académie des Sciences est en émoi ; un chat est tombé. De 1,50 m de haut. Cela suffit pour remettre en cause la théorie capitale de l'inertie des corps en mouvement, qui régit entre autres la mécanique céleste. Le professeur Marey vient de montrer ses chronophotographies sur pellicule mobile (entendez : un film) qui prouvent clairement qu'un chat suspendu par les pattes se retourne spontanément sans l'aide d'aucun appui pendant sa chute. Le même phénomène a été vérifié sur le lapin et le chien. Après avoir photographié la chute de l'animal à 60 images par seconde, le professeur Marey a pu établir que l'animal prend appui sur sa propre masse pour se retourner. Le professeur X... est sorti de l'hémicycle en jurant qu'on ne le reprendrait pas à de pareils trucages qui contredisent le *Traité de Mécanique Rationnelle* de Delaunay. Le professeur Guyou confirmera la semaine prochaine que ces observations sont compatibles avec le théorème des aires car la somme totale des aires reste constamment nulle, bien que la somme algébrique des rotations soit positive. Les professeurs Lévy, Deprez, Appell, Lecornu et Chassin traiteront tour à tour des applications mathématiques de ces observations capitales. Un humoriste notoire, Alphonse Allais, y va de son couplet moqueur : "Ah ! on ne s'embête pas à l'Académie des Sciences ! Je vous donne en mille à quoi ces bougres-là passent leur temps au lieu de travailler."

29 mars 1895. Les frères Lumière projettent pour la première fois en public les images mouvantes de leur Cinématographe. Le public est stupéfait, des femmes se sont évanouies, on n'en croit pas ses yeux !

Le professeur Marey connaît bien Auguste et Louis Lumière, qui lui fournissent des plaques photographiques et viennent souvent dans son laboratoire. Mais il apprécie peu les projections animées : à quoi bon revoir un mouvement à vitesse normale alors que l'on recherche par la chronophotographie une analyse. Seul le ralenti ou l'accéléré pourrait, selon lui, aider à percevoir des variations intéressantes. Quant à recréer sur un écran des scènes familières, Etienne-Jules Marey ne voit là qu'un jeu, un plaisir vain seulement destiné aux baraques foraines. Les frères Lumière, quant à eux, savent bien ce qu'ils doivent au savant Marey dans l'invention de la technique cinématographique. Il est à craindre que toutes ces questions de commerce et d'argent, qui ne le passionnent guère, ne fassent oublier son autorité scientifique et ne l'entraînent à de désagréables querelles comme ce fut le cas l'an passé avec son assistant Demeny. Qu'il est difficile de garder à la science un complet désintéressement dans ce monde de plaisirs.

31 mai 1898. Séance heddomadaire à l'Académie des Sciences. Le professeur Marey vient aussi souvent que sa santé le lui permet. Aujourd'hui, il présente avec quelque solennité, en qualité de rapporteur, une note de Monsieur Clément Ader, "sur des appareils d'aviation", portant description d'un type de machines volantes nommées "avions". Monsieur Ader est déjà célèbre pour avoir volé sur quelques mètres en 1890, et son Avion III a donné l'an dernier des résultats très encourageants. Chacun s'accorde à reconnaître dans le professeur Marey le conseiller et l'initiateur des recherches de la jeune génération des fous volants. On se souvient encore de l'appareillage qu'il avait installé dans une salle du Collège de France, dès sa nomination en 1869 ; une sorte de manège entraîné par un oiseau maintenu dans un corset et relié à des enregistreurs graphiques par des tubes de caoutchouc. Ce singulier attelage traçait lui-même à distance, dans le noir de fumée, les sillons capricieux qui trahissent le moindre mouvement d'ailes. Le professeur Marey a quelque chose d'un Léonard de Vinci en chapeau melon. Amateur éperdu de rouages et de mécanique des fluides, il réalise enfin quelques-uns des rêves du vieux peintre florentin.

...1900. La grande Exposition bat son plein à Paris. Etienne-Jules Marey présidait la Commission de la Photographie. Dans une grande vitrine de bois au décor floral, il expose ses appareils et ceux de ses prédécesseurs et continuateurs : Janssen, Muybridge, Edison, Lumière. Sous le numéro 18, il présente un nouveau fusil photographique, électrique celui-là. Quelque chose comme une longue boîte que l'on peut appuyer sur l'épaule pour viser l'objet à *cinématographier* (c'est le mot à la mode). Parfaitement portatif, au plus près de l'œil. Chargé d'une pellicule 35 mm de 20 m de long. L'obturateur est formé d'un robinet à lumière. La pellicule se met en mouvement quand on presse sur la détente. Il n'a pas été déposé de brevet. C'est, paraît-il, sans grand avenir.

...1967. Marcel Duchamp s'entretient avec un critique d'art et s'explique sur la genèse de son "Nu descendant un escalier", de 1912, qui eut une si retentissante influence sur l'art de ce siècle.
"PC. – Dans le "Nu descendant un escalier" il n'y a pas une influence du cinéma ?
MD. – Bien sûr que si. C'est cette chose de Marey...
PC. – La chronophotographie.
MD. – Oui, j'avais vu dans l'illustration d'un livre de Marey comment il indiquait les gens qui font de l'escrime, ou les chevaux au galop, avec un système de pointillé délimitant les différents mouvements. C'est ainsi qu'il expliquait l'idée du parallélisme élémentaire. Ça a l'air très prétentieux comme formule mais c'est amusant.
C'est ce qui m'a donné l'idée de l'exécution du "Nu descendant un escalier". J'ai employé un peu ce procédé dans l'esquisse mais surtout dans le dernier état du tableau" (1).

Pour Duchamp, la photographie instantanée, en s'affranchissant de la contrainte du temps, a créé une nouvelle sensibilité. L'image scientifique de Marey, non codifiée par des règles académiques, a semblé à l'artiste d'avant-garde un modèle de liberté qui lui tient un langage prometteur : le regard y perçoit un temps qui lui paraît réversible, qui n'est plus l'enveloppe de l'action mais l'objet même de l'étude, le sujet de la dissection. Reste à l'art à dépasser de tels modèles pour explorer d'autres "choses mentales".

(1) Pierre Cabanne, *Entretiens avec Marcel Duchamp,* Pierre Belfond, Paris 1967.

18 mai 1976. Archives du Collège de France. J'ai demandé à consulter la référence 40 de la cote C-XII (dossier Marey). Une sorte de cahier relié dans lequel sont collées des épreuves des premiers essais photographiques. A la première page, Étienne-Jules Marey est là, visant avec son fusil photographique, image très jaunie et effacée qui dénote la technique hasardeuse du débutant. Les légendes sont de sa main, cursive fine, penchée, toute de liaisons qui allongent les mots : *Naples, Mars 1882;* viennent ensuite les étapes de la construction de la Station Physiologique (sa lettre de Naples, 9 novembre 1882 : "Je voudrais aligner les photographies des travaux dans un album qu'il nous serait agréable de feuilleter un jour"). Puis le premier essai de chronophotographie sur plaque fixe : un cornet de papier blanc suspendu à un fil oscille devant un écran noir. Et enfin, sous un rectangle brun pâle uniforme : "trajectoire d'une boule blanche écrivant mon nom" (Académie des Sciences, 7 août 1882 : "Je pris un bâton noir terminé par une boule blanche, et je l'agitai en marchant devant l'écran, de manière à tracer successivement toutes les lettres de mon nom; ma signature se trouva distinctement écrite sur la plaque photographique"). Premier émerveillement de la photographie : écrire son nom, dans la conjugaison de la lumière et du temps. Le corps en mouvement trace le mot et le temps déployé se fait écriture, d'un geste.

Le temps d'Étienne-Jules Marey s'écrira aussi avec des figures d'oiseaux, et le temps d'un vol s'éparpillera en battements d'ailes. Le premier jour, devant l'écran noir, il écrivit son nom avec la blancheur d'une boule, et il vit que cela était bien; puis il invita beaucoup d'animaux et donna forme au temps en lui confiant l'espace rectangulaire d'une photographie, où se reposer çà et là. Un espace de ponctuations, de points de suspension, de pleins et déliés d'une écriture des corps, trajectoires de boule blanche ou d'homme à bicyclette.

Le temps de sa photographie n'est pas figé; ni restitué, ni reconstitué. Pas d'*avant*, pas d'*après*; seulement le *pendant* d'un déroulement de l'espace étalé, le temps d'écrire son nom, le temps d'un saut en hauteur, le temps d'un lâcher de pigeons. Réfutation du noir par le blanc, le temps tout simplement *constitué*.

Michel Frizot.

Sauf indication contraire,
les illustrations sont des
chronophotographies sur plaque fixe.

1. L'homme en blanc devant
le premier fond noir, 1882.

2. Marche et saut, 1882.

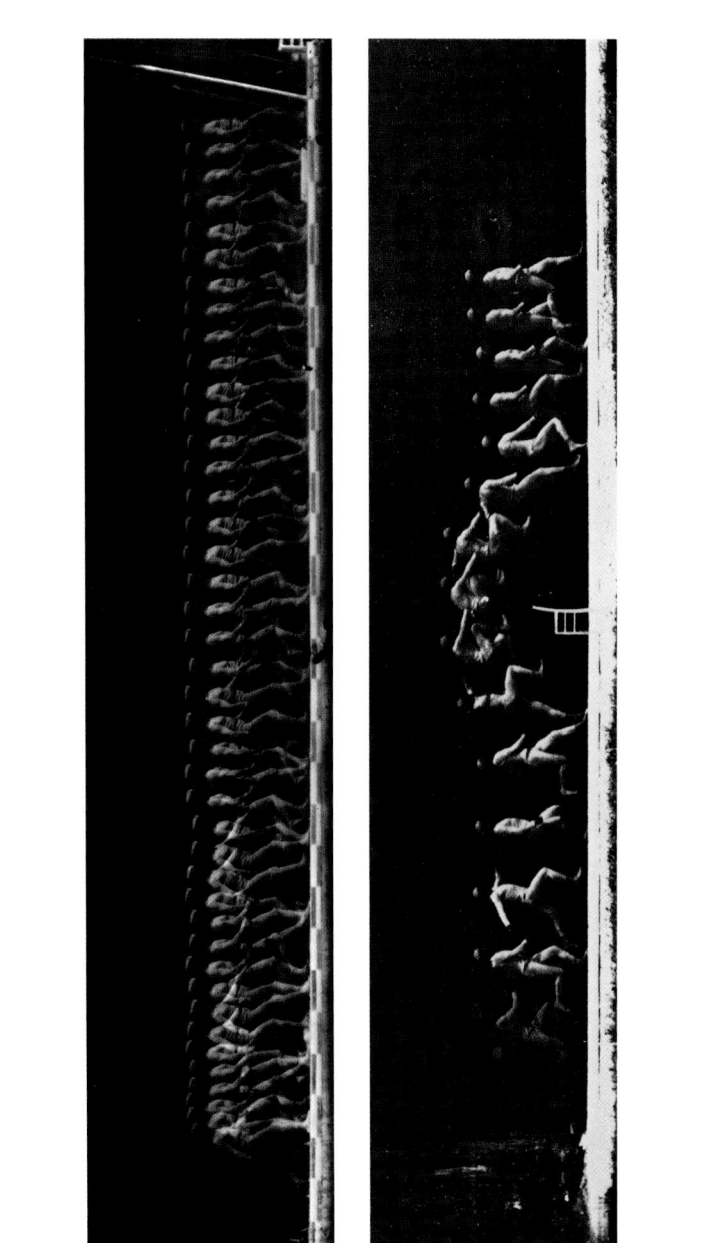

3. Étude de la course, vers 1886.

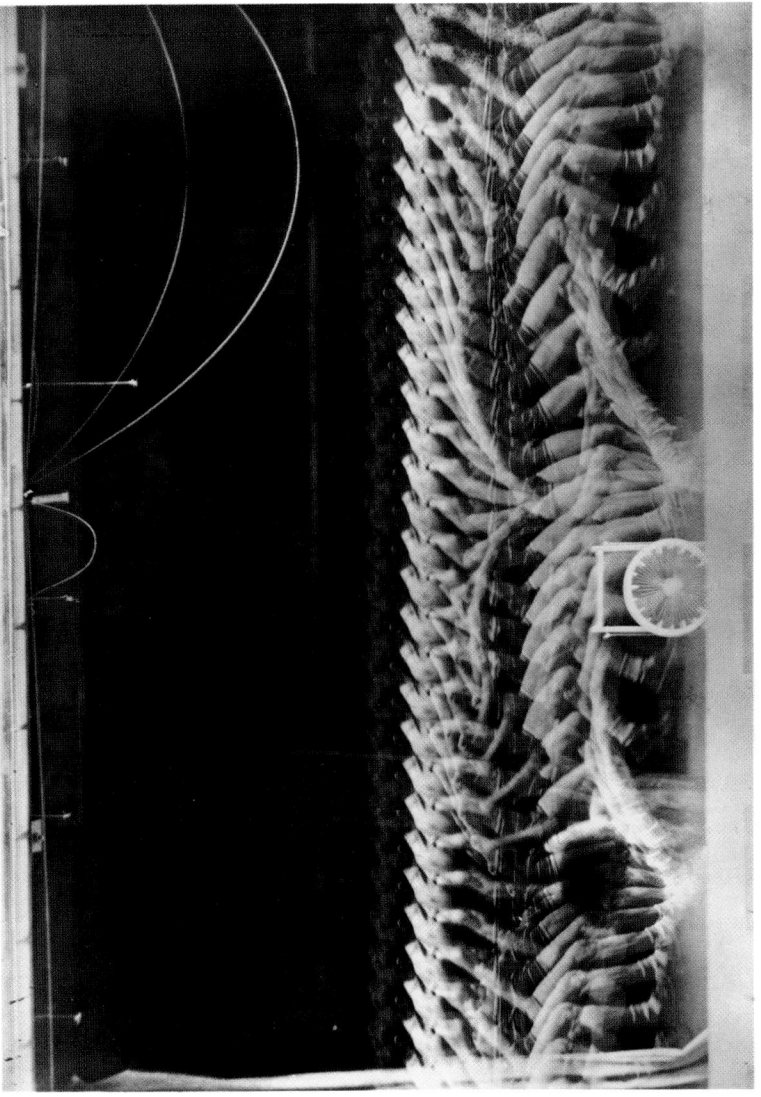

4. Sauts pieds joints, vers 1882.

5. Mouvement de gymnastique
aux barres parallèles, 1883-86.

6. Demenÿ portant le costume noir
à lignes et points blancs pour la
chronophotographie géométrique, 1883.

7. Course sur plan incliné.
Chronophotographie géométrique, vers 1886.

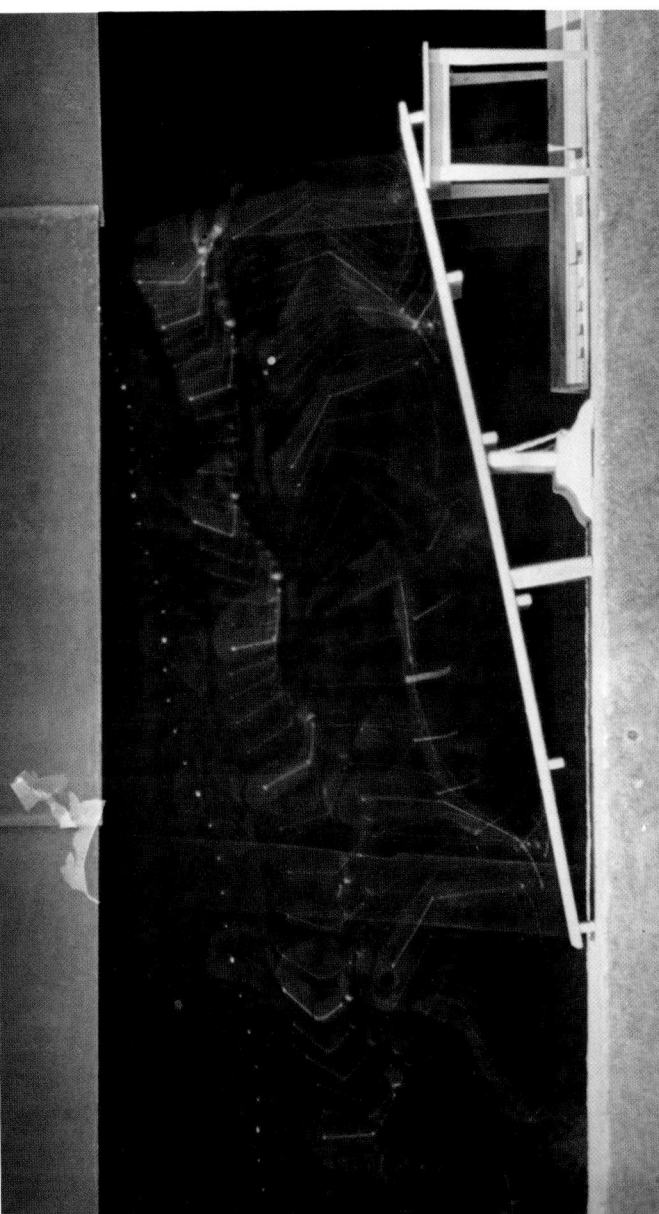

8. Saut sur place pieds joints.
Chronophotographie géométrique, vers 1886.

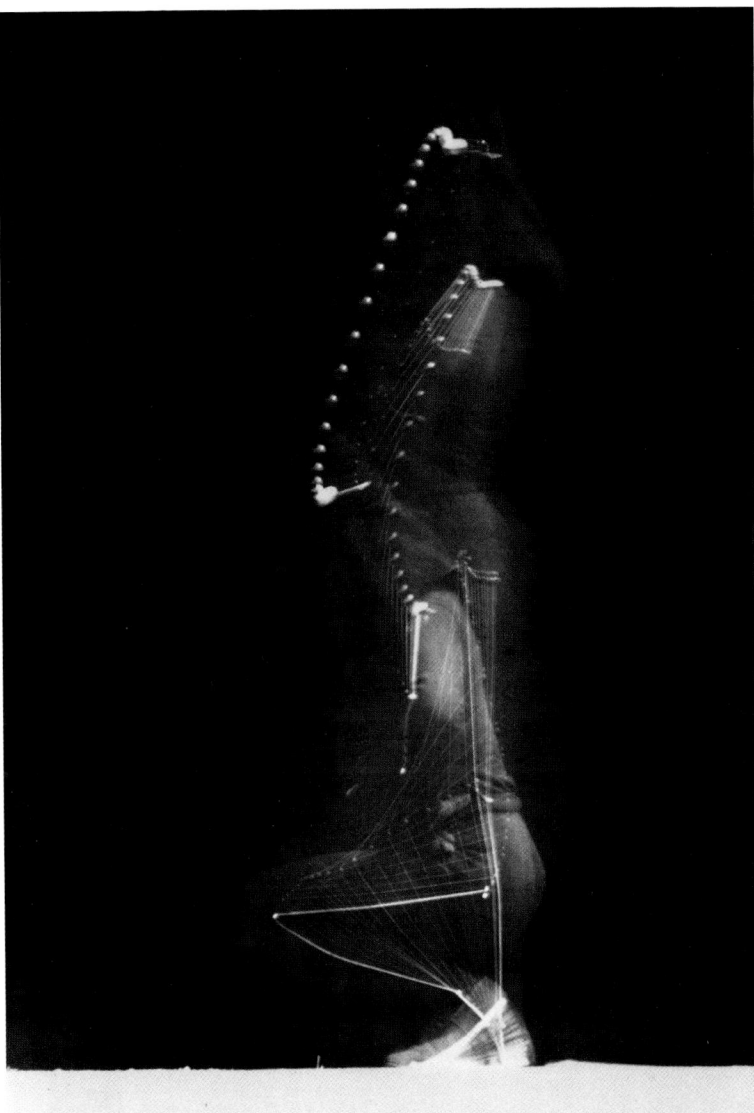

9. Course et saut.
Chronophotographies
géométriques, 1883.

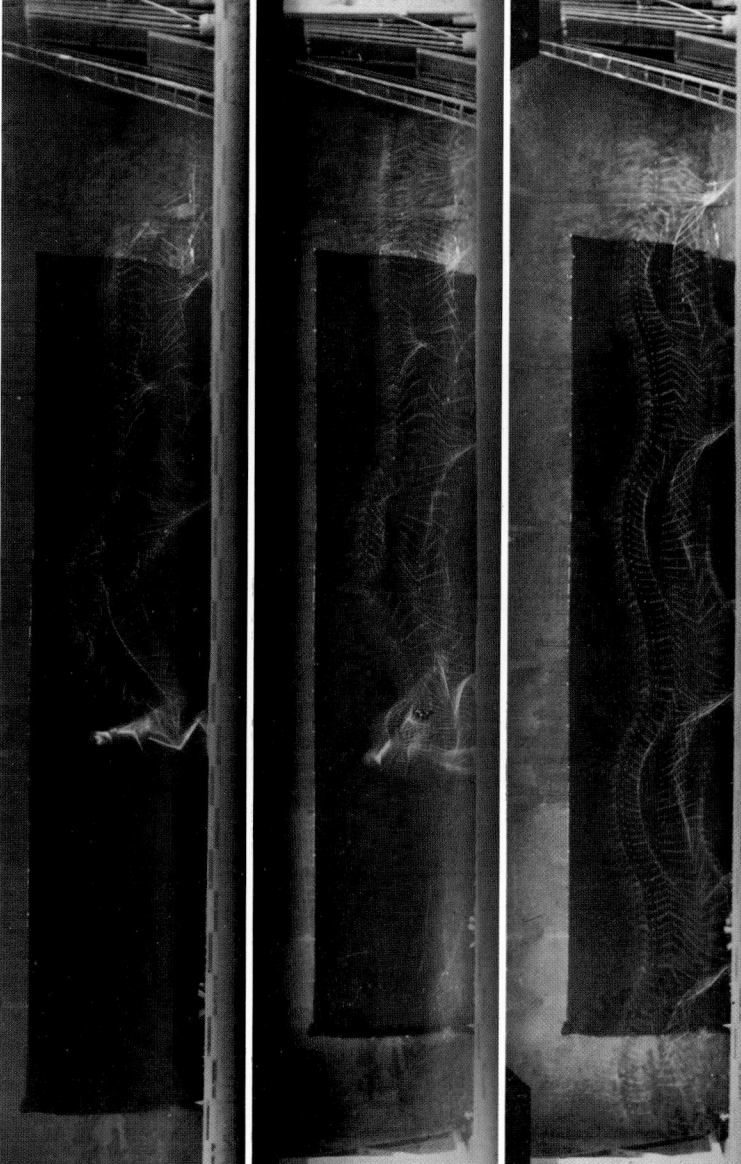

10. Saut sur place pieds joints.
Chronophotographie géométrique, vers 1886.

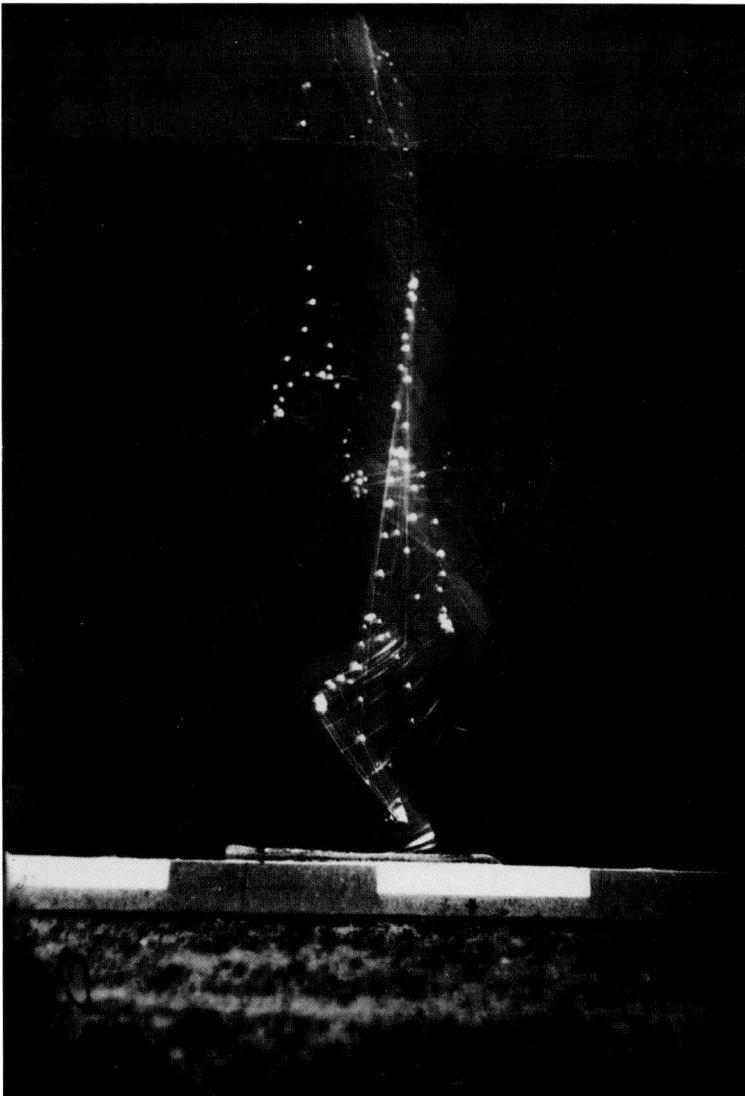

11. Saut au tremplin.
Chronophotographie géométrique, vers 1886.

12. Saut à partir d'une chaise.
Chronophotographie géométrique, 1884.

13. Chute élastique après saut.
Chronophotographie géométrique,
sujet Demenÿ, 1884.

14. Saut au-dessus d'un obstacle.
Chronophotographie géométrique, 1884.

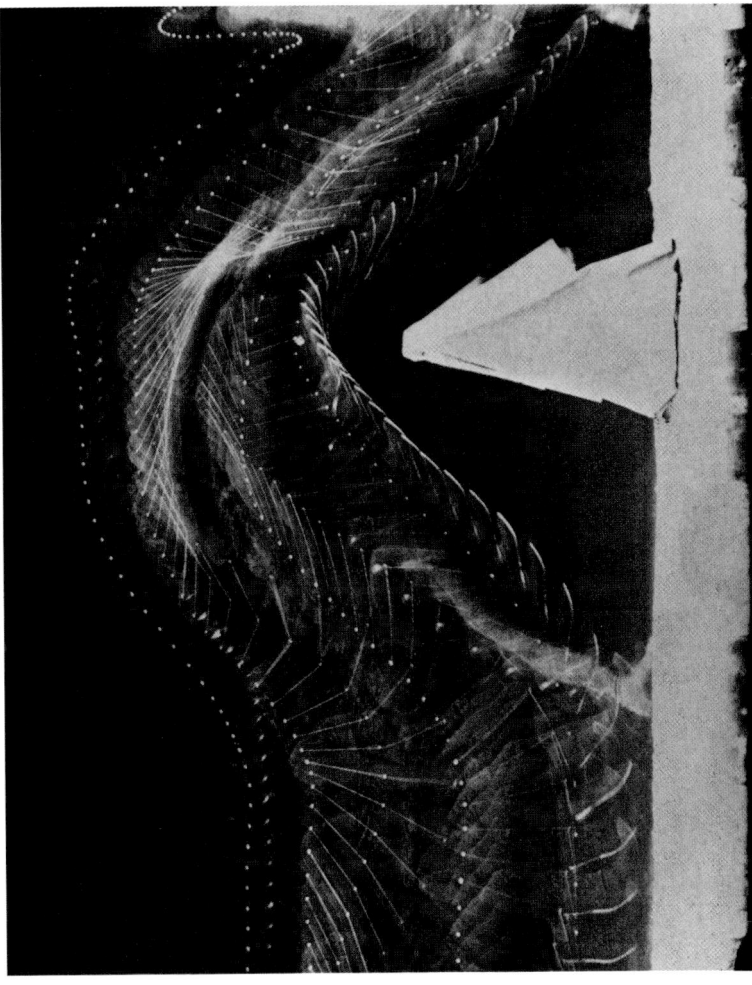

15. Allure de l'éléphant avec repères
géométriques blancs, 1886-87.

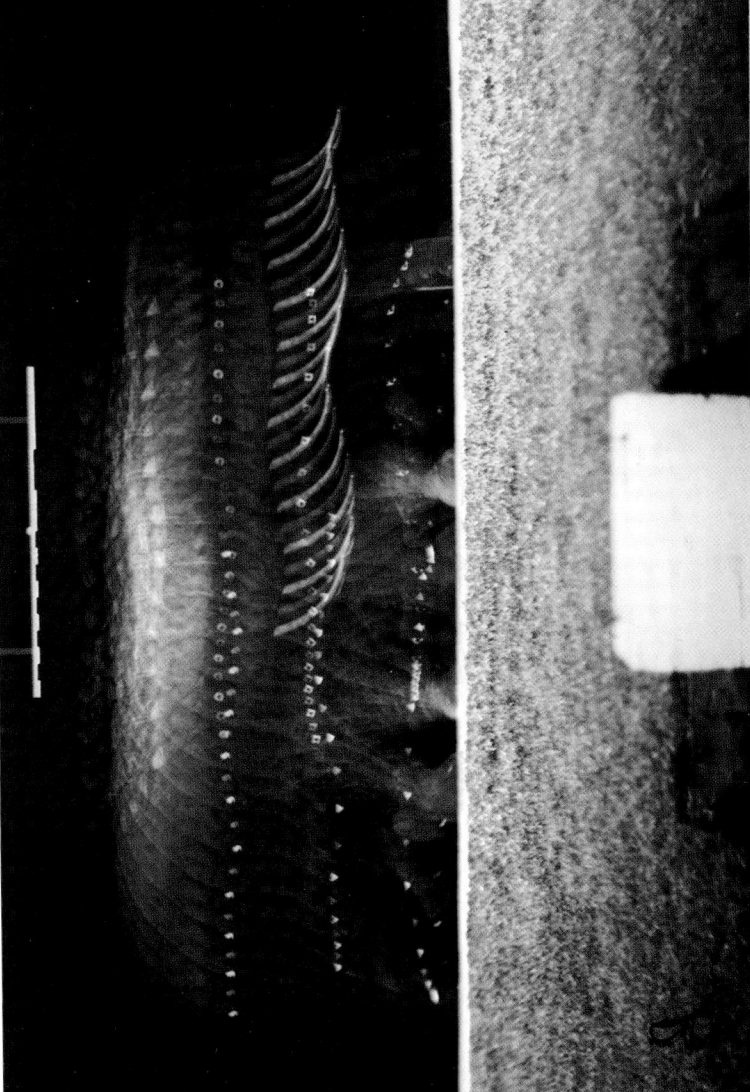

16. Allure de cheval noir avec repères géométriques blancs, 1886-87.

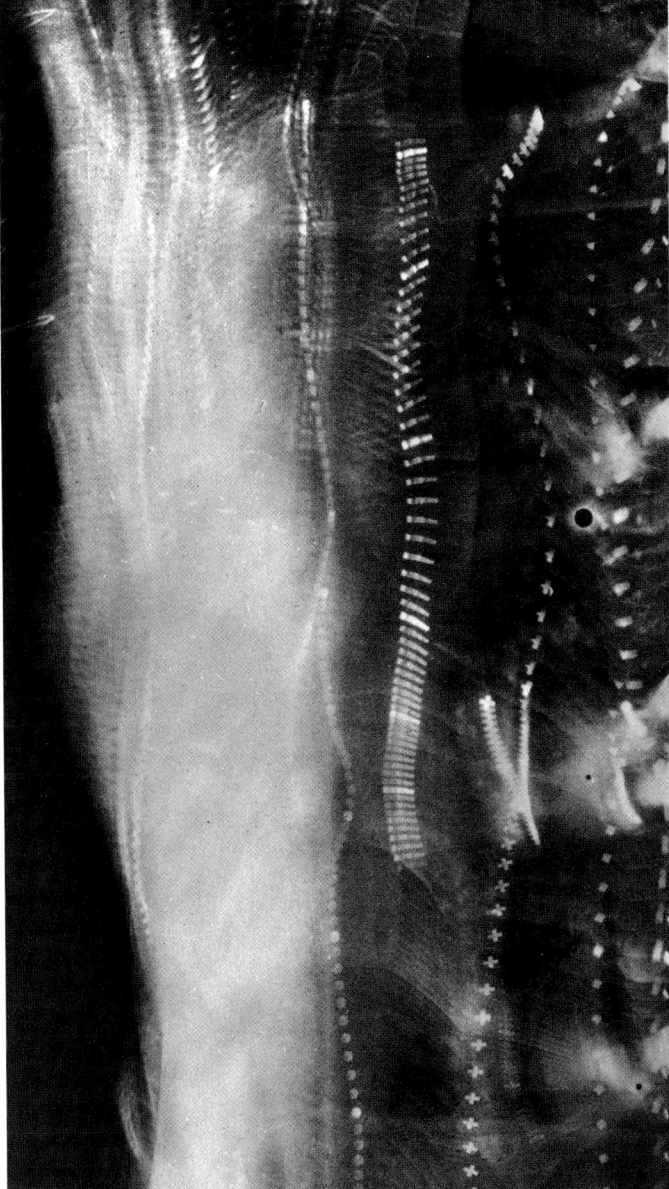

17. E.J. Marey laissant tomber une balle
du haut d'une échelle, vers 1887.

18. Trajectoire de balle blanche, 1886.

19. Balle rebondissante.
Étude de trajectoire, 1886.

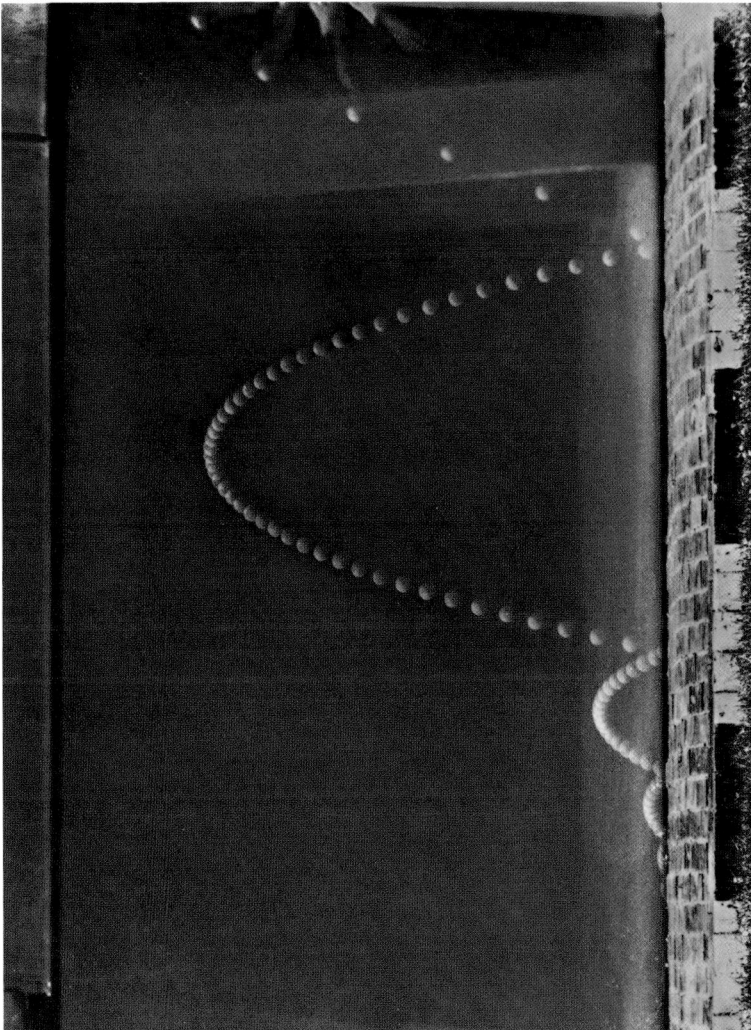

20. Chute verticale d'une balle blanche.
Naples, 1884.

21. Le coup de marteau, vers 1895.

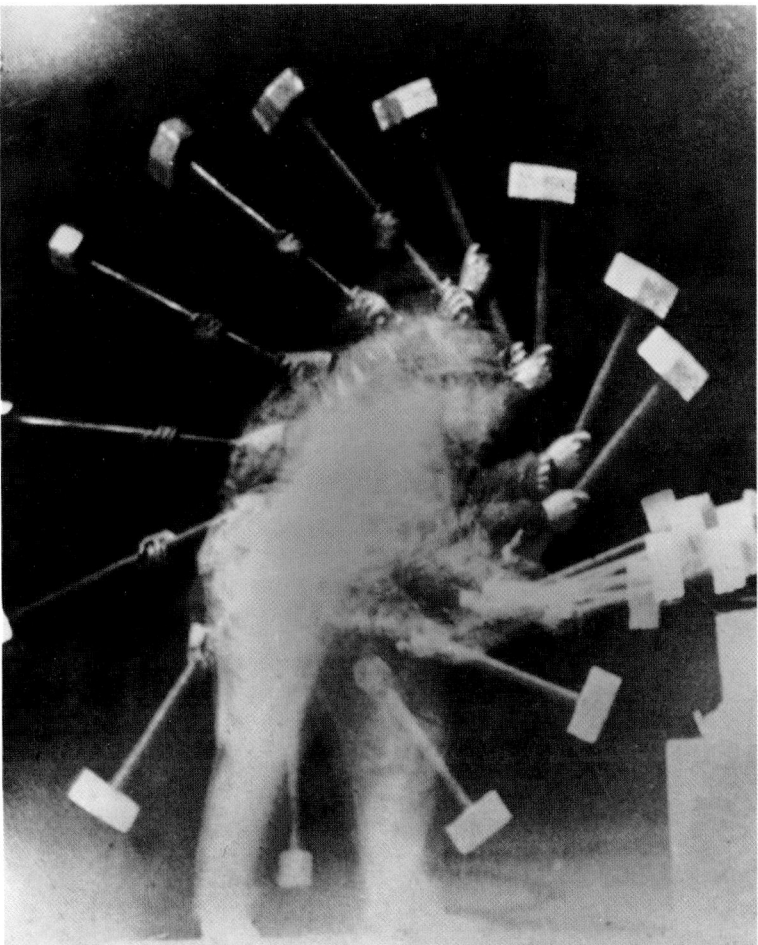

22. E.J. Marey faisant vibrer
une longue tige de bois, 1887.

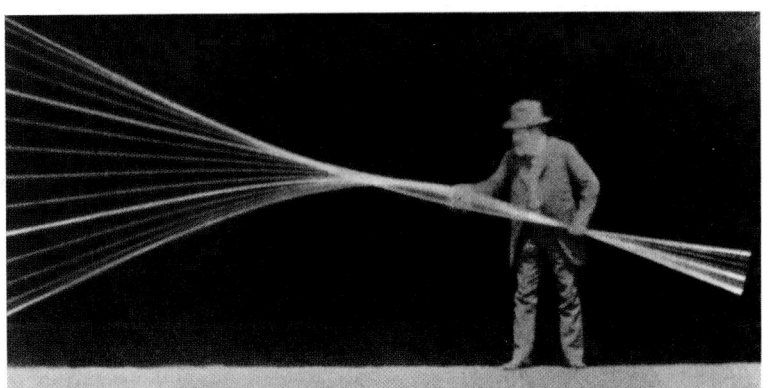
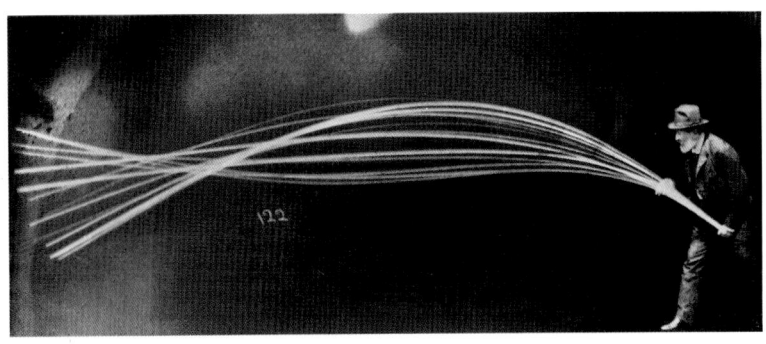

23. Séance de photographie
à la Station Physiologique devant
le fond noir construit en 1886.

24. Cheval au trot, 1886.

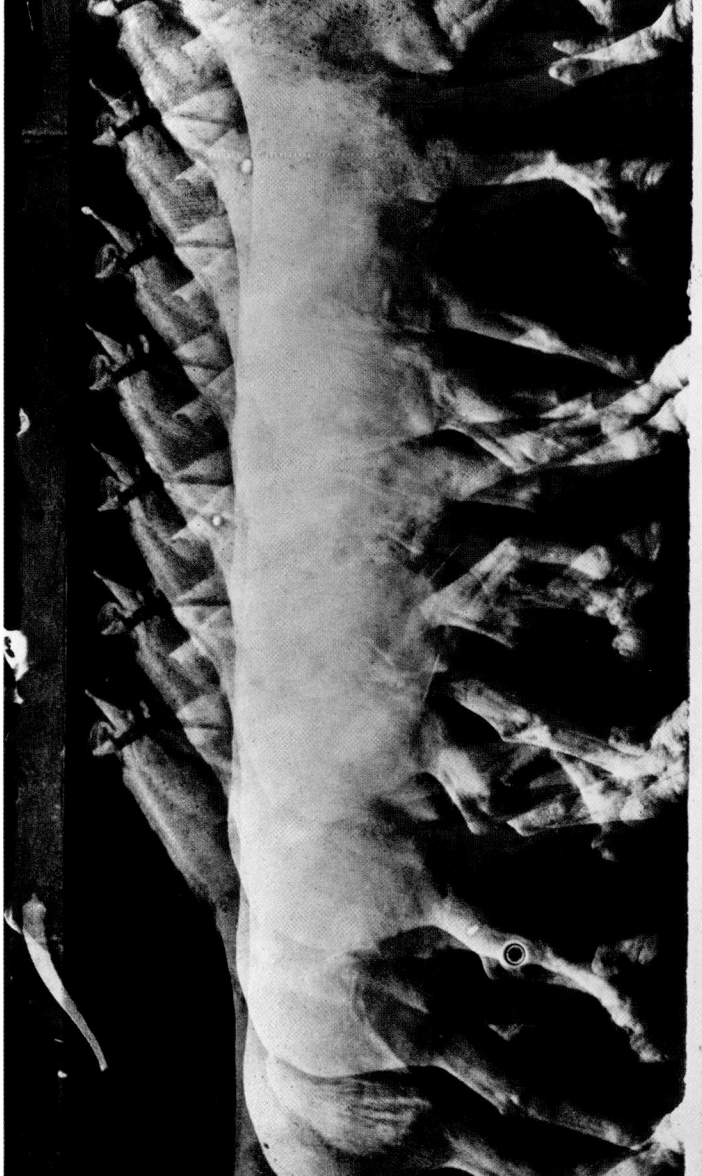

25. Cheval au galop, 1886.

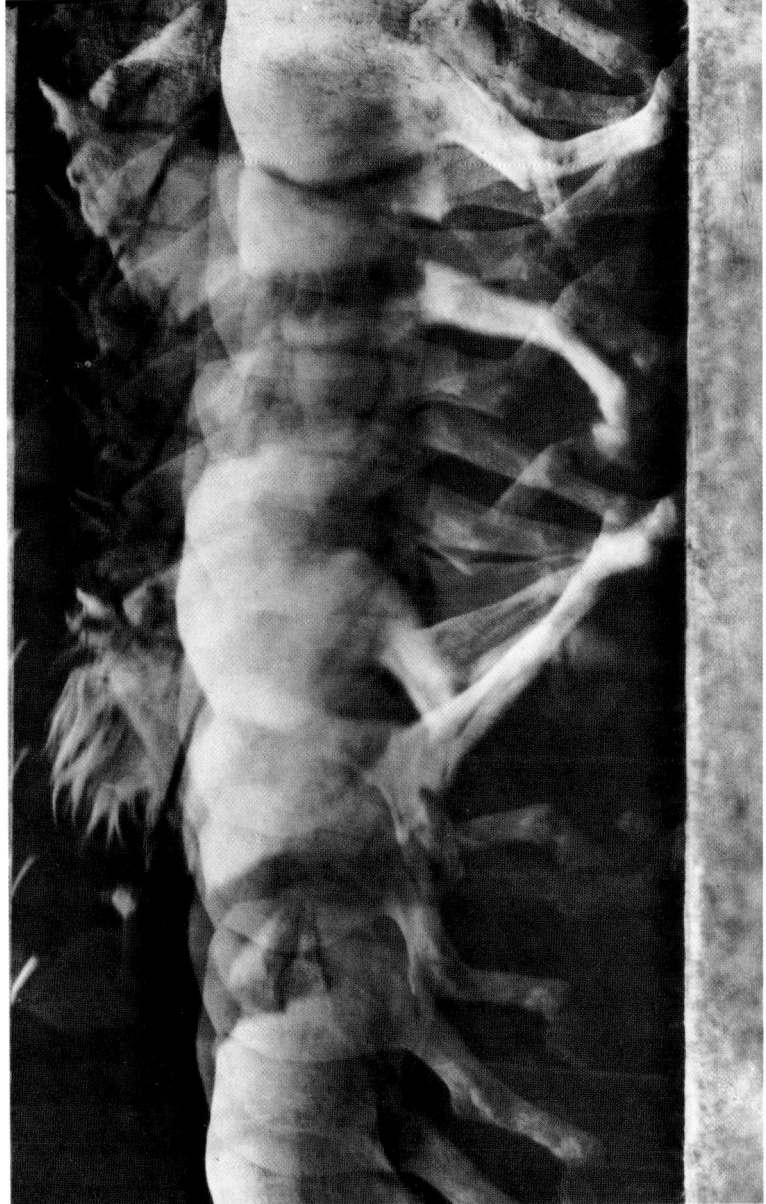

26. Cheval au pas, 1886.

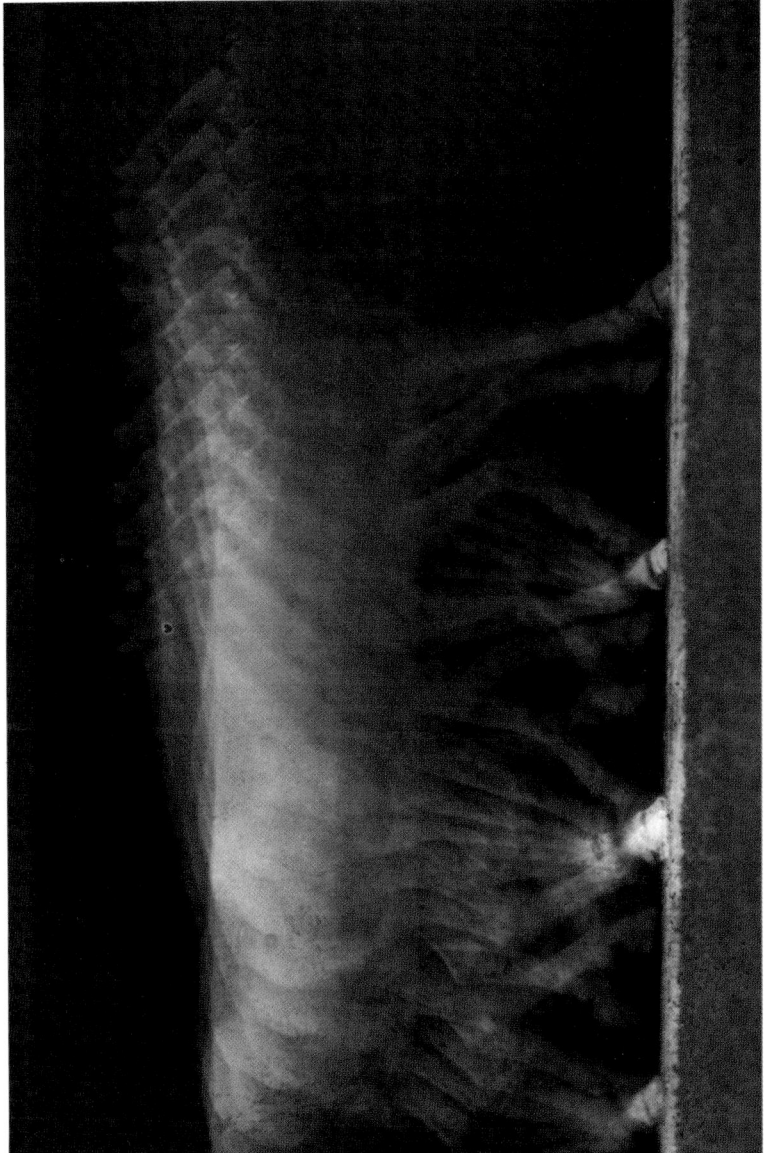

27. Marche d'un enfant nu, après 1886.

28. Vol du pélican, 1887.

29. Vol du canard blanc, 1887.

30. Vol du héron aigrette, 1887.

31. Vol du goéland, 1887.

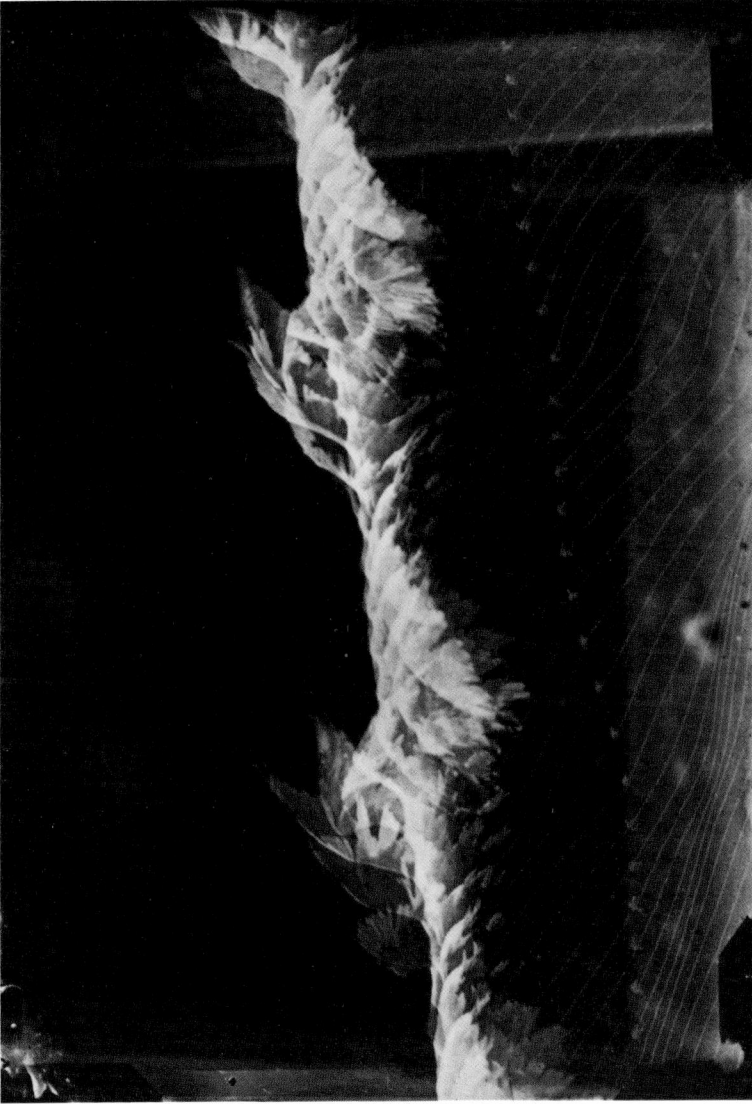

32. Goéland en vol.
Agrandissement d'un instantané sur
plaque chronophotographique, 1886.

33. Chien au pas, vers 1890.

34. Instantanés de mouvement de gymnastique,
vers 1890.

35. Attitudes gymnastiques sur plaque sensible en translation, 1883.

36. Instantané de mouvement de gymnastique, vers 1890.

37. Le coup d'épée, 1890.

38. Mouvement de gymnastique, vers 1890.

39. Mouvements articulaires.
Rotation latérale de la tête vue de dos;
enregistrée en pose avec point brillant, 1894.

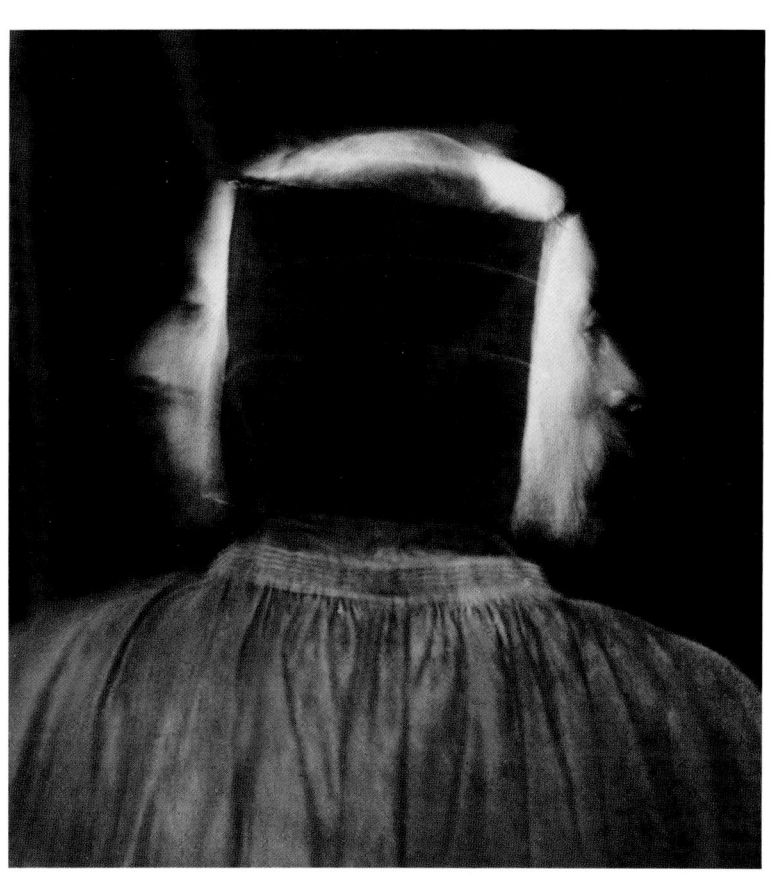

40. Demenÿ jouant du violon.
Essai sur plaque ou pellicule
mobile, vers 1888.

41. Mouvement du poignet faisant tourner une baguette blanche, vers 1894.

42. Saut en hauteur, 1890-91.

43. Homme en blanc à bicyclette, vers 1891.

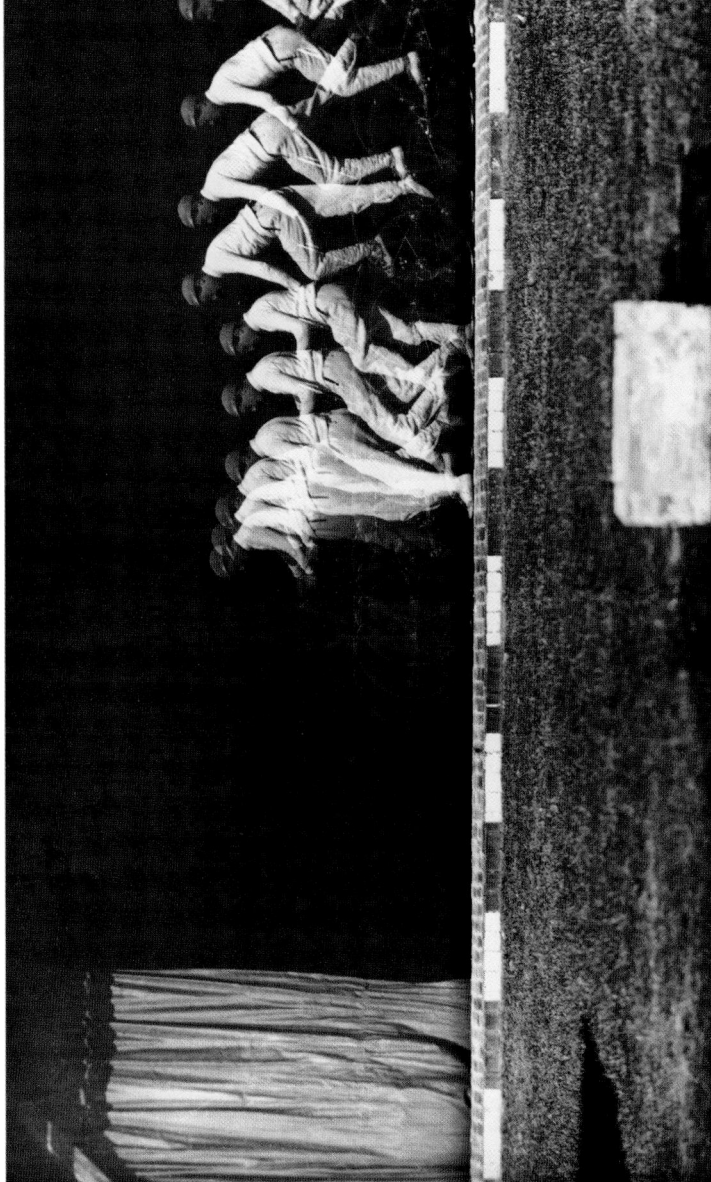

44. Saut à la perche, 1890-91.

45. Homme en course, vers 1891.

46. Homme nu à bicyclette, vers 1891.

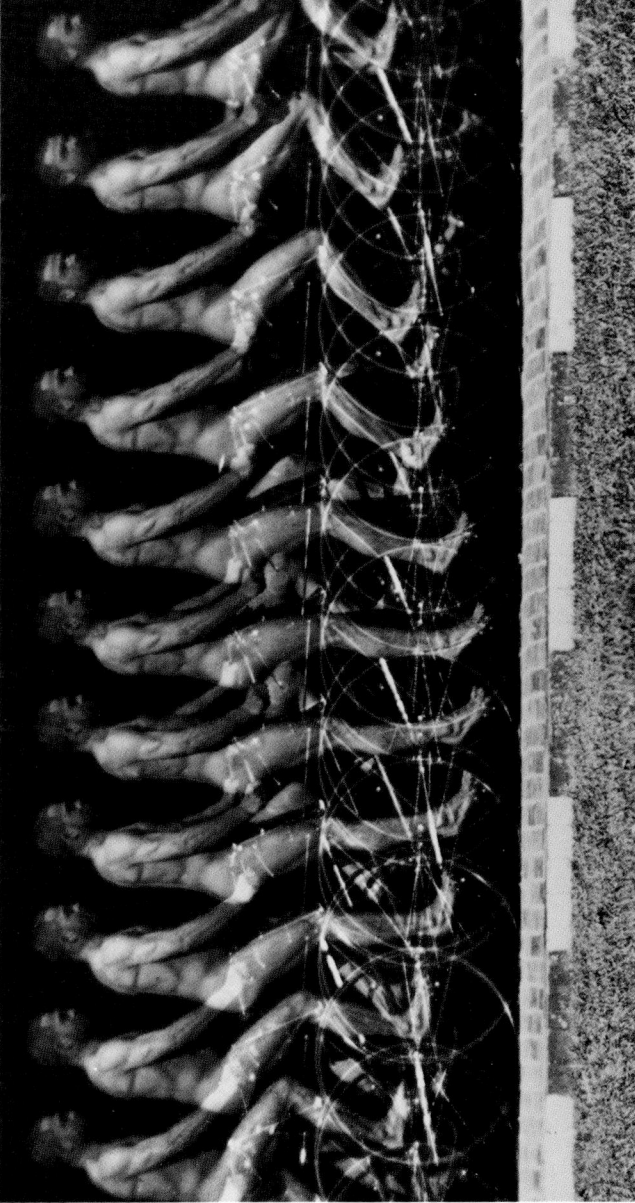

47. Course en poussant un chariot,
vers 1890.

48. Saut en hauteur au-dessus
de l'horloge à 1 tour/seconde, vers 1887.

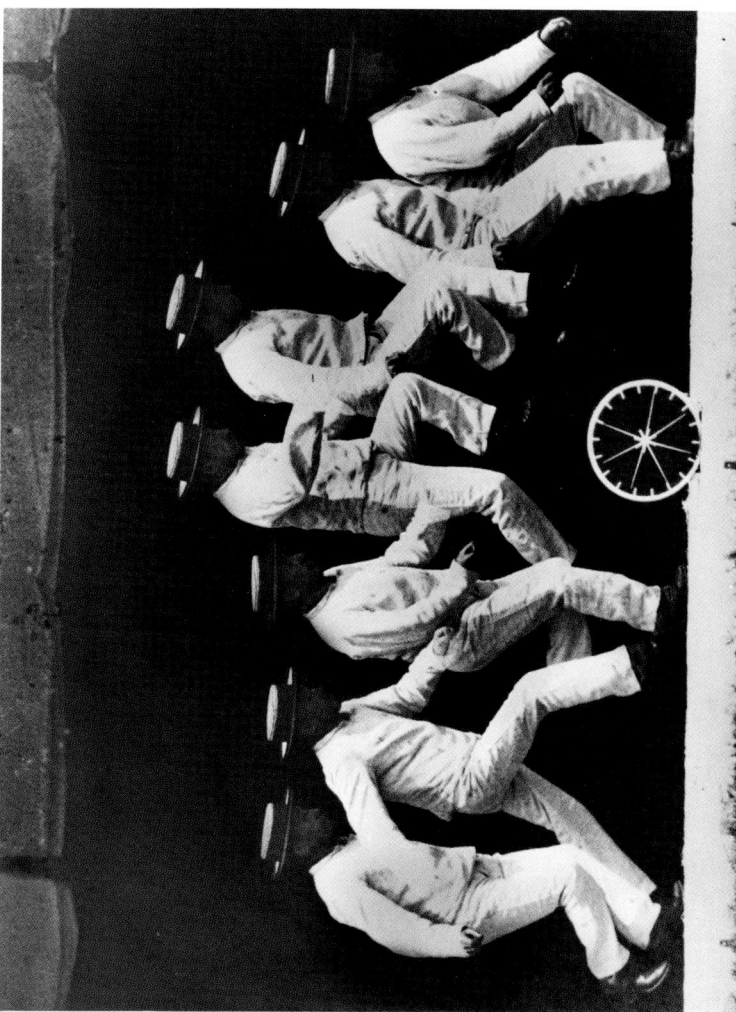

49. Instantané d'oiseau obtenu avec un fusil photographique à mire, 1882.

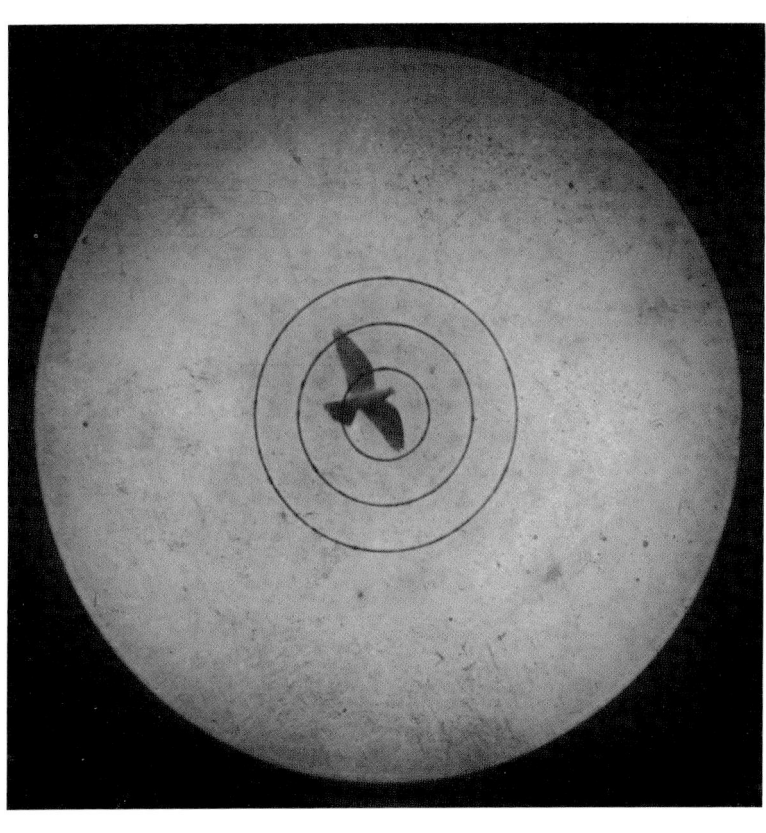

50. Lancer d'une roue.
Chronophotographie sur pellicule mobile.
Lecture de bas en haut, 1891.

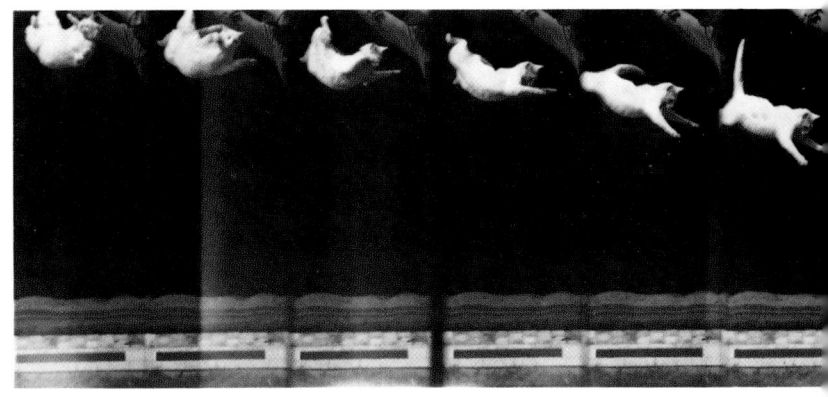

51. La chute du chat.
Chronophotographie sur pellicule mobile, 1894.

52. Chien au pas.
Chronophotographie sur pellicule mobile, 1895-97.

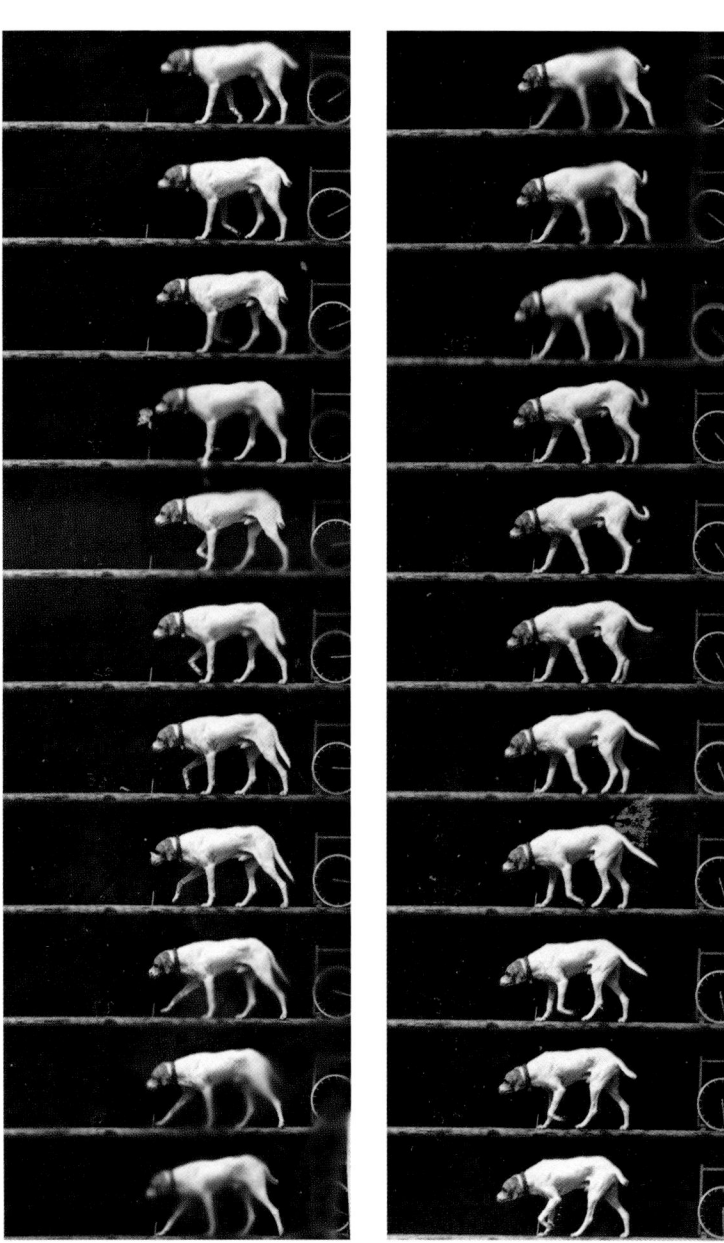

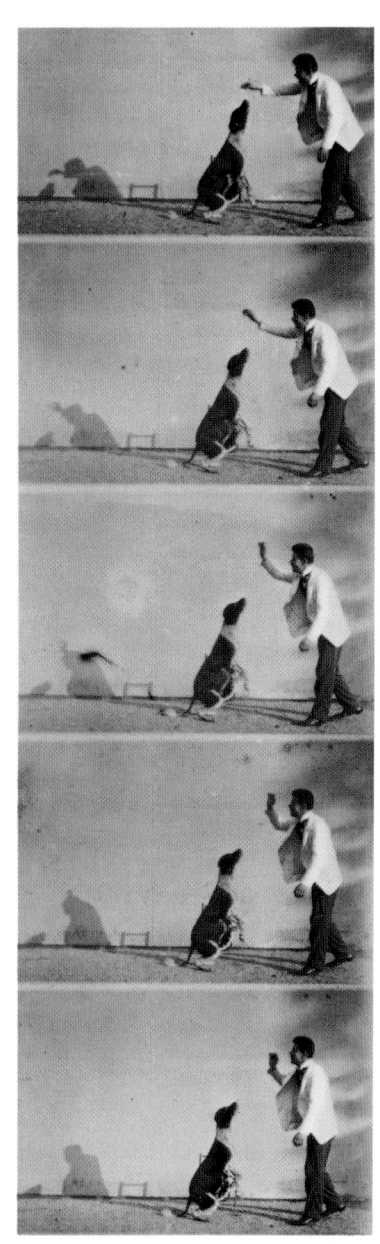

53. Dressage d'un chien.
Chronophotographie
sur pellicule mobile, vers 1897.

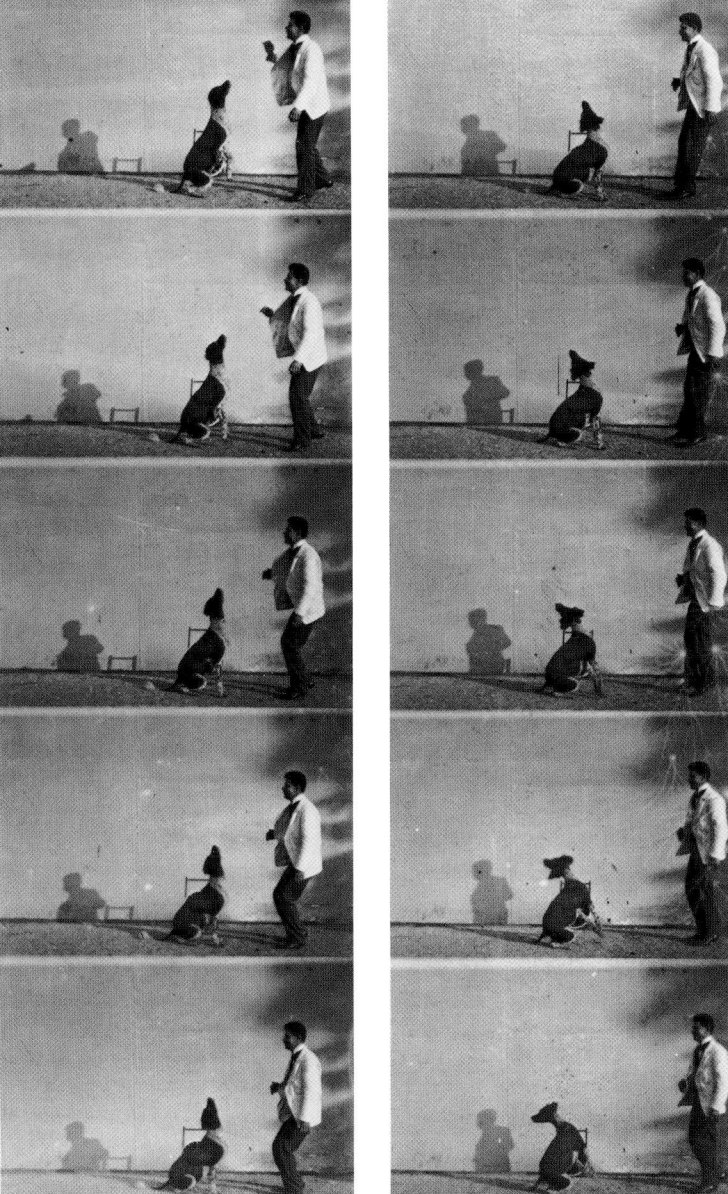

54. Chèvre au pas.
Chronophotographie sur pellicule mobile,
1895-97.

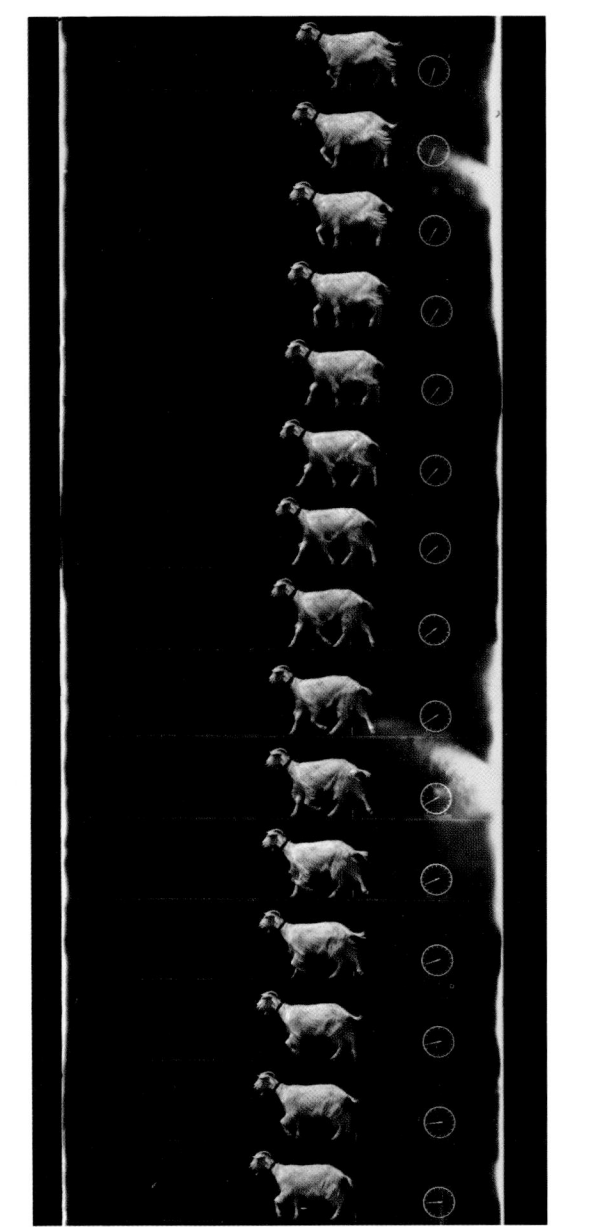

55. Étude du roulis sur maquette de bateau
avec mât dans une cuve, vers 1895.

56. Mouvements de clapotis visualisés
par des pastilles brillantes
en suspension dans un liquide, 1892-93.

57. Mouvement de l'air (filets de fumée)
à la rencontre d'une surface
courbe, 1900.

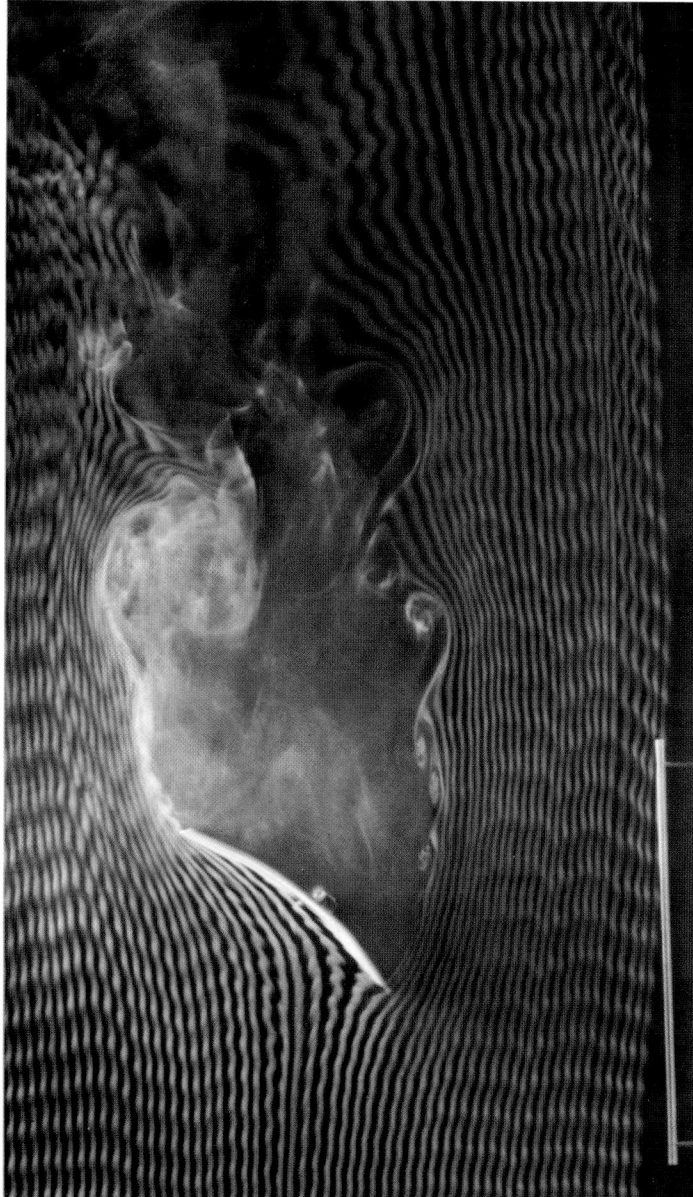

58. Mouvements de l'air (filets de fumée)
à la rencontre d'une boule, 1900.

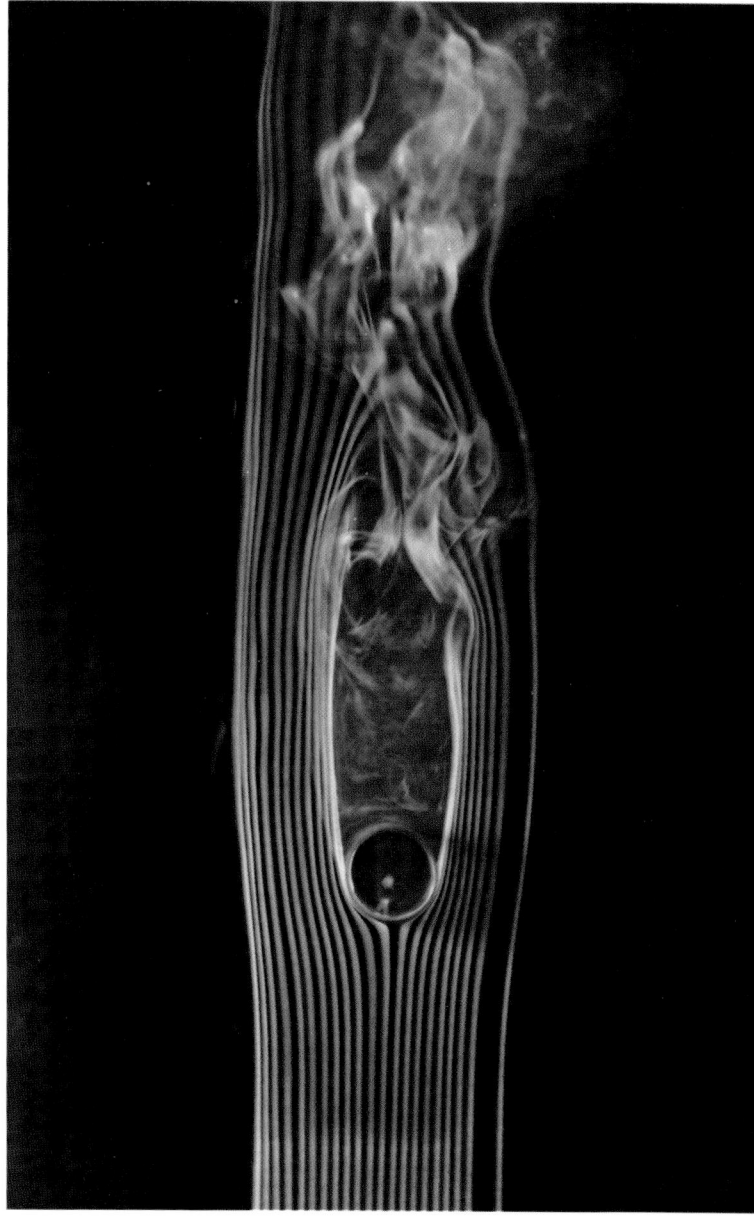

59. Enregistrement de la trajectoire
d'un corps lumineux. Essai indéterminé.

60. Chevreau à la Station
Physiologique, 5 mai 1887.
A gauche, Marey ; à droite, sans chapeau, Demenÿ.

MAREY ET LA PHYSIOLOGIE.

Intéressé par les manifestations fondamentales de la vie, Marey étudie tout d'abord la circulation du sang, puis toutes les propriétés des mouvements des êtres. Pour en capter le déroulement dans le temps, il invente ou perfectionne les *méthodes graphiques d'enregistrement* (avec cylindre, tambour manométrique, stylet inscripteur sur papier au noir de fumée). Ces méthodes expérimentales qu'il transpose de la physique à la biologie lui permettent très vite de rendre compte avec précision des mouvements de l'homme, du cheval, des oiseaux et des insectes. Vers 1880, Marey est le spécialiste de la physiologie de la locomotion.

LA CHRONOPHOTOGRAPHIE, BASE TECHNIQUE DU CINÉMATOGRAPHE

La découverte des travaux de Muybridge, en 1879 et 1881, entraîne Marey à considérer que la photographie instantanée, techniquement possible depuis peu grâce aux plaques au gélatino-bromure d'argent, est un moyen d'enregistrement graphique très sûr et scientifique. Il met alors au point le fusil photographique (1882), et surtout la chronophotographie sur plaque fixe (1882), méthode ingénieuse et nouvelle basée sur l'utilisation d'un fond noir avec des sujets mobiles blancs. La multiplication des poses est obtenue par la rotation, devant la plaque, d'un disque fenêtré. C'est avec cette technique qu'il réalise ses photographies insolites de divers oiseaux, quadrupèdes (cheval, chien, éléphant...) et hommes à pied ou à bicyclette. Il construira dans ce but deux fonds noirs successifs en 1882 et un troisième plus grand et plus profond en 1886.

Les premiers essais de chronophotographie sur bande de papier mobile ont lieu en 1888; il adopte la bande de pellicule celluloïd de 90 mm de large en 1889. Il produit alors, avec un mécanisme de défilement et d'arrêts rapides de la pellicule, jusqu'à 60 images par seconde. Ce sont les premiers "films", d'environ 1 m de long.

En 1892, il met au point un projecteur pour ces "bandes chronophotographiques".

Dès lors, nombre d'autres chercheurs s'essayent à perfectionner la chronophotographie, parmi lesquels son assistant Demenÿ. C'est en adoptant un entraînement par came avec une pellicule à double perforation déjà utilisée par Edison que les frères Lumière parviennent à la mise au point du cinématographe en 1895. le rôle de Marey n'en est pas moins capital. Il se refusera cependant par la suite à la perforation de la pellicule, mais son fusil photographique électrique 35 mm de 1899 n'est autre qu'une caméra portative, dont l'utilité passa inaperçue.

MAREY ET L'AVIATION

Les études graphiques ou photographiques de Marey sur le vol battu ou plané des oiseaux et des insectes ont formé la base de nombreuses recherches menant à l'aviation. C'est ainsi que dès 1864, Nadar, photographe et aérostier, devient son ami. Dans son laboratoire furent construits les appareils de Tatin (1879) et Richet (1890) et il conseilla, entre autres, Pénaud et Chanute. *La Machine Animale* (1874) et *Le Vol des Oiseaux* (1890) font autorité dans ce domaine.

AUTRES TRAVAUX

Marey fut également l'auteur de travaux novateurs sur la décharge électrique du poisson torpille ou sur l'épidémie de choléra de 1885. Il fut d'autre part un pionnier de l'hydrodynamique et inventa une soufflerie aérodynamique pour visualiser les déformations du flux d'air à la rencontre d'un corps (appareil à filets de fumée, 1900). Il étudia aussi la dynamique des fluides par la photographie.

LA POSTÉRITÉ ARTISTIQUE DE MAREY

Si les chronophotographies ou les graphiques qu'il en tirait, souvent très "abstraits", n'ont suscité aucun commentaire particulier de son vivant, il eut cependant à cette époque une certaine influence, en même temps que Muybridge, sur les artistes désireux de donner une représentation scrupuleuse des mouvements.

Mais c'est auprès de l'avant-garde du début du 20e siècle que Marey a rencontré le meilleur écho, à un moment où la crise des valeurs figuratives amène les artistes à s'interroger sur l'invisible ou l'irreprésentable : l'énergie, les forces, le temps surtout. Il s'est avéré que les photographies de Marey servirent de modèle à Duchamp pour son "Nu descendant un escalier" de 1912, qui marque une grande rupture conceptuelle dans l'histoire de la peinture. Les futuristes italiens ont d'autre part connu les travaux de Marey par l'intermédiaire de Bragaglia et Balla et l'on peut, entre autres, placer sous son influence la "Petite fille courant sur un balcon" et "Main d'un Violoniste" de Balla en 1912, des œuvres de Boccioni et de Russolo. En France, Kupka est préoccupé par ces mêmes questions dès 1909, avec des pastels visiblement inspirés de chronophotographies. Il est à noter que ce type de représentation amènera Balla et Kupka à être parmi les premiers peintres "abstraits" (1912-1913). Marey, par son goût très scientifique de la *trans-formation*, de la transcription par laquelle le corps s'écrit lui-même, est très proche de la sensibilité artistique du 20e siècle.

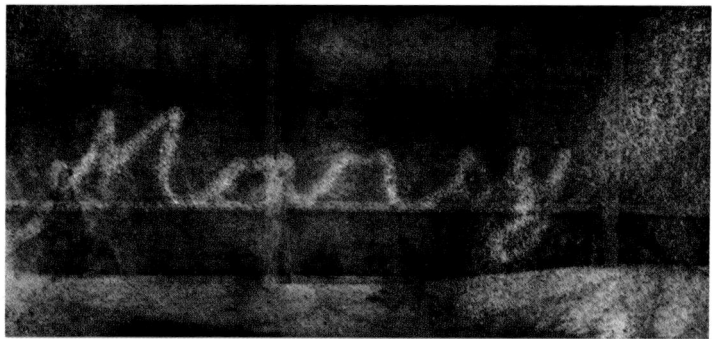

61. "Je pris un bâton noir terminé par une boule blanche, et je l'agitai en marchant devant l'écran noir, de manière à tracer successivement toutes les lettres de mon nom" (E.J. Marey, 1882). Archives du Collège de France.

BIOGRAPHIE

1830. Marey naît à Beaune le 5 mars; son père est commis d'une maison de vins.

1849. Après son baccalauréat, il se rend à Paris pour étudier la médecine.

1854-58. Interne à l'hôpital Cochin.

1859. Thèse de doctorat: "La circulation du sang à l'état sain et dans les maladies".

1860. Présente à l'Académie des Sciences son sphygmographe, appareil d'enregistrement direct du pouls.

1864. Marey installe un laboratoire personnel au 14, rue de l'Ancienne-Comédie à Paris.

1867. Suppléant au Collège de France; il y crée un laboratoire.

1869. Professeur d'Histoire Naturelle des Corps Organisés au Collège de France.

1872. Élu Membre de l'Académie de Médecine.

1878. Membre de l'Académie des Sciences, au fauteuil de Claude Bernard.

1879. Lecture d'un article publié dans *La Nature* sur les photographies de chevaux de Muybridge.

1881. Il rencontre Muybridge à Paris.

1882. Construction de la Station Physiologique du Parc des Princes.

1882. Invention du fusil photographique et du chronophotographe à plaque fixe.

1884. Président de la Société de Navigation Aérienne.

1888. Premiers essais de chronophotographie sur bande de papier sensible.

1890. Premier brevet pour un chronophotographe à pellicule mobile.

1893. Mise au point du projecteur chronophotographique.

1894. Président de la Société Française de Photographie.

1895. Président de l'Académie des Sciences.

1899-1902. Construction de l'Institut Marey, siège de l'Association Internationale de contrôle des instruments.

1899. Fusil photographique électrique à pellicule 35 mm.

1900. Président du Comité d'Installation de la classe 12 (photographie) à l'Exposition Universelle. Président de l'Académie de Médecine.

1904. Marey meurt à Paris le 15 mai.

BIBLIOGRAPHIE

Livres de Marey

1863. *Physiologie médicale de la circulation du sang, basée sur l'étude des mouvements du cœur et du pouls artériel, avec application aux maladies de l'appareil circulatoire,* Paris, 568 p., 235 fig.

1868. *Du mouvement dans les fonctions de la vie,* VIII-479 p., 144 fig.

1873. *La machine animale, locomotion terrestre et aérienne,* Paris, X-300 p., 117 fig.

1874. *Animal mechanism: a treatise on terrestrial and aerial locomotion,* London, XVI-284 p., 117 fig.

1878. *La méthode graphique dans les sciences expérimentales et principalement en physiologie et en médecine,* Paris, XXIV-673 p., 348 fig.; 2ᵉ édition, avec le *Supplément,* 1885.

1881. *La circulation du sang à l'état physiologique et dans les maladies,* Paris, 745 p. 258 fig.

1885. *Développement de la méthode graphique par l'emploi de la photographie.* Supplément à *La Méthode Graphique,* Paris, VI-52 p., 35 fig.

1890. *Le vol des oiseaux,* Paris, XVI-394 p., 164 fig., 1 pl.

1893. *Études de physiologie artistique faites au moyen de la chronophotographie.* En commun avec G. Demeny, Paris.

1894. *Le mouvement,* Paris, VI-395 p., 214 fig., III pl.

1895. *Movement* (translated by E. Pritchard), London, XVI-324 p., 200 fig.

1901. En commun avec Chauveau, d'Arsonval, Gariel, *Traité de Physique biologique,* 2 vol., Paris.

Articles de Marey

(CRAS : Comptes rendus des séances de l'Académie des Sciences)

« Du thermographe, appareil inscripteur des températures », *CRAS,* 5 sept. 1864, p. 459-461.

« Détermination expérimentale des mouvements de l'aile dans le vol », *CRAS,* 28 déc. 1868, p. 1341-1345.

« Reproduction mécanique du vol des insectes », *CRAS,* 15 mars 1869, p. 667-669.

« Mémoire sur le vol des insectes et des oiseaux », *Bibliothèque de l'École des Hautes Études,* 1869.

« Sur les caractères des décharges électriques de la torpille », *CRAS,* 22 janvier 1877, p. 190-193.

« Sur la reproduction par la photographie des différentes phases du vol des oiseaux », *CRAS,* 15 mars 1882, p. 683-684.

« Le fusil photographique », *La Nature,* 22 avril 1882, p. 326-330.

« Tableau mobile des différentes attitudes du cheval à une allure quelconque », *CRAS,* 26 juin 1882, p. 1683.

« Analyse du mécanisme de la locomotion au moyen d'une série d'images photographiques recueillies sur une même plaque et représentant les phases successives du mouvement », *CRAS,* 3 juillet 1882. p. 14-16.

« Emploi des photographies partielles pour étudier la locomotion de l'homme et des animaux », *CRAS,* 25 juin 1883, p. 1827-1831.

« Analyse cinématique de la marche », *CRAS*, 19 mai 1884, p. 1218-1225.

« Mouvements de l'aile de l'oiseau représentés suivant les trois dimensions de l'espace », *CRAS*, 7 février 1887, p. 323-330.

« Figures en relief représentant les attitudes successives d'un pigeon pendant le vol », *CRAS*, 13 juin 1887, p. 1669-1670.

« Décomposition des phases d'un mouvement au moyen d'images photographiques recueillies sur une bande de papier sensible qui se déroule », *CRAS*, 29 oct. 1888, p. 677-678.

« Appareil chronophotographique applicable à l'analyse de toutes sortes de mouvements », *CRAS*, 3 nov. 1890, p. 626-629.

« Emploi de la chronophotographie pour l'étude des appareils destinés à la locomotion aérienne », *CRAS*, 9 nov. 1891, p. 615-617.

« La chronophotographie », *Revue Générale des Sciences Pures et Appliquées*, 15 nov. 1891, p. 689-719.

« Hydrodynamique expérimentale », *La Nature*, 6 mai 1893, p. 359-363.

« Des mouvements que certains animaux exécutent pour retomber sur leurs pieds lorsqu'ils sont précipités d'un lieu élevé », *CRAS*, 29 oct. 1894, p. 714-717, id. *Paris-Photographe*, 4e an., n° 11, 30 nov. 1894, p. 403-406.

« Nouveaux développements de la chronophotographie », *Bulletin du Comité des Travaux Historiques et Scientifiques : Congrès des Sociétés Savantes. Section Sciences*. 1897, p. 118-148.

« Des mouvements de l'air lorsqu'il rencontre des surfaces de différentes formes », *CRAS*, 16 juillet 1900, p. 160.

Catalogues

Exposition « E.-J. Marey, La photographie du mouvement », Centre Georges Pompidou, Paris, 1977 ; catalogue par Michel Frizot.

Exposition « La chronophotographie », Chapelle de l'Oratoire, Beaune, 1984 ; catalogue par Michel Frizot.

Exposition « Le Temps d'un mouvement », Palais de Tokyo, Paris, 1987 ; textes de M. Frizot, Sylvain Roumette, Raymond Bellour, Giovanni Lista.

Études partielles sur Marey

J. Deslandes, *Histoire comparée du cinéma*, t. 1, *de la cinématique au cinématographe, 1826-1896*, Paris, 1966.

A. Dubois, « Le centenaire de Marey », *Mémoires de la Société d'Archéologie de Beaune*, 1929-30, p. 145-154 ; « Comment fut inventé le cinématographe », id., p. 155-168.

Ch. A. François-Franck, *L'œuvre de E.-J. M.*, Cours du Collège de France, Leçon d'ouverture, Paris, 1905.

M. Frizot, « Le grand œuvre de l'œil », *Chroniques de l'Art Vivant*, 44, nov. 1973, p. 7-9.

Hommage à E.-J. M., Cinémathèque Française, Musée du Cinéma, Paris, 1963.

André Jammes, « E.-J. M. », *Caractères*, Noël 1965.

« E.-J. M., sa vie, son œuvre », *Communications présentées au Congrès de l'Association Bourguignonne des Sociétés Savantes*, Beaune, mai 1974, 30 p.

P. Noguès, *Recherches expérimentales de Marey sur le mouvement dans l'air et dans l'eau*, Publications scientifiques et techniques du Ministère de l'Air, n° 25, Paris, 1933.

G. Sadoul, *Histoire du cinéma, I. L'invention du cinéma, 1832-1897*, Paris, 1946.

EXPOSITIONS

1977-78. E.-J. Marey, 1830-1904. La photographie du mouvement. Centre Georges Pompidou, Paris, en co-production avec la Fondation Kodak-Pathé.

1980. E.-J. Marey, Musée Carnavalet, Paris. Exposition réalisée pendant le Mois de la Photo par la Fondation Kodak-Pathé. Cette exposition a été ensuite présentée en France et à l'étranger.

1984. La chronophotographie. Chapelle de l'Oratoire, Beaune. Exposition organisée avec le concours du Ministère de la Culture.

1987. « Le Temps d'un mouvement », Palais de Tokyo, Paris.

FILMOGRAPHIE

Hommage à E.-J. Marey
réal. J. Vivié
noir et blanc, muet, 16 mm, 6 mn, 1954.
Report de 12 documents originaux de Marey.

Les documents Marey-Bull
réal. J. Painlevé
noir et blanc, muet, 35 mm, 7 mn, 1954.
Institut de Cinématographie Scientifique.
Report de 22 documents originaux de Marey et 6 documents de L. Bull.

Sur les traces de Marey
auteurs : Pr Merle d'Aubigné, Pr Meary, Dr Portokelian
réal. Sciencefilm
couleur, son optique, 16 mm, 15 mn, 1963.
Films Médico-scientifiques Sandoz.
Historique des recherches physiologiques et photographiques.

E.-J. Marey
réal. Dr Thévenard
couleur, 16 mm, 16 mn, 1977.
Ministère des Affaires Étrangères et Institut de Cinématographie Scientifique.
Recherche de Marey, documents originaux, interview de L. Bull.

E.-J. Marey
réal. J.-P. Beauplet
noir et blanc, son magnétique, 16 mm, 17 mn, 1976.
Historique et report de documents originaux.

E.-J. Marey, documents chronophotographiques
réal. J.-M. Bouhours, avec la collaboration de M. Frizot.
Prod. Centre Georges Pompidou, 1977.
Film d'animation d'originaux de Marey, souvent inédits.

CRÉDITS PHOTOGRAPHIQUES

Musée Marey, Beaune : 1, 6, 20, 21, 22, 32, 33, 38, 50, 52, 53, 60.
Collège de France, Paris : 2, 3, 4, 5, 7, 8,
9, 10, 11, 12, 13, 15, 16, 17, 18,
19, 23, 24, 26, 27, 28, 30, 31, 38, 39,
40, 41, 42, 44, 45, 47, 49, 55, 56, 57, 58, 59, 61.
Cinémathèque Française, Paris :
25, 29, 34, 35, 36, 37, 43, 46, 48, 54.
Science Museum, Londres : 51.

Dans la même collection :
1. Nadar. Texte d'André Jammes.
2. Henri Cartier-Bresson. Texte de Jean Clair.
3. Jacques-Henri Lartigue. Texte de Jacques Damade.
4. Amérique. Les Années Noires. F.S.A. 1935-1942.
Texte de Charles Hagen.
5. Robert Doisneau. Entretien avec Sylvain Roumette.
6. Camera Work. Texte de François Heilbrun.
7. W. Eugene Smith. Texte de William S. Johnson.
8. J. Nicéphore Niepce. Choix de lettres et de documents.
9. L'Amérique au fil des jours. Texte de Michel Deguy.
10. Robert Frank. Texte de Robert Frank.
11. Le Grand Œuvre. Texte de Jean Desjours.
12. Duane Michals. Texte de Renaud Camus.
13. Etienne-Jules Marey. Texte de Michel Frizot.
14. Bruce Davidson. Texte de Bruce Davidson.
15. Josef Koudelka. Texte de Bernard Cuau.
16. Eugène Atget. Texte de Françoise Reynaud.
17. André Kertész. Texte de Danièle Sallenave.
18. L'Opéra de Paris. Texte de Bruno Foucart.
19. Mario Giacomelli. Texte de Alistair Crawford.
20. William Klein. Texte de Christian Caujolle.
21. Weegee. Texte de André Laude.
22. Autochromes. Texte de Sylvain Roumette.
23. Alexandre Rodtchenko. Texte de Serge Lemoine.
24. Le Nu. Texte de Bernard Noël.
25. Werner Bischof. Texte de Claude Roy.
26. Helmut Newton. Texte de Karl Lagerfeld.

Cet ouvrage, le treizième de la collection Photo Poche
dirigée par Robert Delpire, a été réalisé avec la collaboration de
Françoise Sadoux et Claude Geiss.
Le secrétariat de rédaction a été assuré par
Michel Frizot et Françoise Ducros.

Seconde édition.

Achevé d'imprimer le 25 février 1987
sur les presses de l'Imprimerie Mahé.